EVEREST 347

AYŞE KULİN / ESERLER

1. *Güneşe Dön Yüzünü* (Öykü)
2. *Bir Tatlı Huzur* (Biyografi)
3. *Foto Sabah Resimleri* (Öykü)
4. *Adı: Aylin* (Biyografik Roman)
5. *Geniş Zamanlar* (Öykü)
6. *Sevdalinka* (Roman)
7. *Füreya* (Biyografik Roman)
8. *Köprü* (Roman)
9. *İçimde Kızıl Bir Gül Gibi* (Deneme)
10. *Babama* (Şiir)
11. *Nefes Nefese* (Roman)
12. *Kardelenler* (Araştırma)
13. *Gece Sesleri* (Roman)
14. *Bir Gün* (Roman)
15. *Bir Varmış Bir Yokmuş* (Öykü)
16. *Veda* (Roman), *Veda* (Çizgi Roman)
17. *Sit Nene'nin Masalları* (Çocuk Kitabı)
18. *Umut* (Roman)
19. *Taş Duvar Açık Pencere* (Derleme)
20. *Türkan-Tek ve Tek Başına* (Anı-Roman)
21. *Hayat-Dürbünümde Kırk Sene* (Anı-Roman)
22. *Hüzün-Dürbünümde Kırk Sene* (Anı-Roman)
23. *Gizli Anların Yolcusu* (Roman)
24. *Saklı Şiirler* (Şiir)
25. *Sessiz Öyküler* (Öykü Derlemesi)
26. *Bora'nın Kitabı* (Roman)

ÖDÜLLER

1988-89 / Tiyatro ve TV Yazarları Derneği, En İyi Çevre Düzeni dalında Televizyon Başarı Ödülü.
1995 / Haldun Taner Öykü Ödülü Birincisi
1996 / Sait Faik Hikaye Armağanı Ödülü
1996 / 3. UAT En Başarılı Yazar Ödülü
1997 / Oriflame Roman dalında Yılın En Başarılı Kadın Yazarı Ödülü,
1997 / Nokta Dergisi DORUKTAKİLER Edebiyat Ödülü
1977 / İ.Ü. İletişim Fakültesi, Roman Dalında Yılın En Başarılı Yazarı Ödülü
1998 / Oriflame Edebiyat Dalında Yılın En Başarılı Kadın Yazarı Ödülü
1998 / İ.Ü. İletişim Fakültesi Roman Dalında Yılın En Başarılı Yazarı Ödülü
1999 / Oriflame Edebiyat Dalında En Başarılı Kadın Yazarı Ödülü
1999 / İ.Ü. İletişim Fakültesi Roman Dalında Yılın En Başarılı Yazarı Ödülü
2000 / Rotaract Yılın Yazarı Ödülü
2001 / Ankara Fen Lisesi Özel Bilim Okulları Yılın Yazarı Ödülü
2002 / Tepe Özel İletişim Kurumları Yılın En İyi Edebiyatçısı Ödülü
2003 / AVON Yılın En Başarılı Kadın Yazarı Ödülü
2003 / Best FM Yılın En Başarılı Yazarı Ödülü
2004 / İstanbul Kültür Üniversitesi Yürekli Kadın Ödülü
2004 / Pertevniyal Lisesi Yılın En İyi Yazarı Ödülü
2007 / Bağcılar Atatürk İ.Ö.Ok. & Esenler-İsveç Kardeşlik İ.Ö.Ok. Yılın Edebiyat Yazarı Ödülü
2007 / Türkiye Yazarlar Birliği VEDA isimli romanı ile Yılın En Başarılı Yazarı
2008/ European Council of Jewish Communnities Roman Ödülü
2009 / TED Bilim Kurulu Eğitim Hizmet Ödülü
2009 / Kocaeli, 2. Altın Çınar Dostluk ve Barış Ödülü
2009 / Kabataşlılar Derneği Yılın En İyi Yazarı Ödülü
2010 / BEST FM 1998-2008, 10 Yılın En Başarılı Kitabı
2010 / Kabataşlılar Derneği Yılın En İyi Yazarı Ödülü
2011 / İTÜ EMÖS Yaşam Boyu Başarı Ödülü
2011 / Orkunoğlu Eğitim Kurumları, Yılın En Başarılı Yazarı Ödülü
2011 / ESKADER Kültür & Sanat Ödülleri, Hatırat dalında HAYAT& HÜZÜN.
2011 / FAREWELL (VEDA) ile Dublin IMPAC Edebiyat Ödüllü Ön Adayı

Sevdalinka'nın Bosna-Hersek telif geliri savaş mağduru çocuklara, *Kardelenler*'in telif geliri Kardelen Projesine, *Sit Nene'nin Masalları*'nın telif geliri UNICEF Anaokulu Projesine, *Türkan-Tek ve Tek Başına*'nın özel baskısının ve *Türkan* tiyatro oyununun telif gelirleri ise ÇYDD eğitim projelerine bağışlanmıştır.

GENİŞ ZAMANLAR

Ayşe Kulin

§

Türkçe Edebiyat **90**

Geniş Zamanlar
Ayşe Kulin

Kapak tasarım: Utku Lomlu
Mizanpaj: Bahar Kuru Yerek

1-27. Basım: 1998-2004, Remzi Kitabevi
28-38. Basım: 2005-2011, Everest Yayınları
39. Basım: Şubat 2013, Everest Yayınları
ISBN: 975 - 289 - 257 - 4
Sertifika No: 10905

EVEREST YAYINLARI
Ticarethane Sokak No: 53 Cağaloğlu/İSTANBUL
Tel: (212) 513 34 20-21 Faks: (212) 512 33 76
e-posta: info@everestyayinlari.com
www.everestyayinlari.com
www.twitter.com/everestkitap

Baskı ve Cilt: Melisa Matbaacılık
Matbaa Sertifika No: 12088
Çiftehavuzlar Yolu Acar Sanayi Sitesi No: 8 Bayrampaşa/İstanbul
Tel: (0212) 674 97 23 Faks: (0212) 674 97 29

Everest, Alfa Yayınları'nın tescilli markasıdır.

Geçtiği her şeyi öpüyor zaman

ENVER ERCAN

İÇİNDEKİLER

GENİŞ ZAMANLAR

GENİŞ ZAMANLAR

"Süt var mı acaba evde?"
"Yok."
"Belki buzdolabında biraz kalmıştır. Gidip bakayım."
"Boşuna gitme. Süt yok."
"Hiç süt bulundurmaz mısın evinde sen?"
"Hayır."
"Aaa, neden?"
"Sütü çocuklar içer. Ben çocuk değilim."
"Çaya koymak için..."
"Çay sütsüz içilir."
"Sütle de içilir. Biz çayımıza süt koyarız."
"Biz koymayız. Çaya sütü, damak zevki olmayanlar koyar."

***

Hayretle bakıyor yüzüme. Biraz incinmiş, biraz şakaya vurmuş, ama kesinlikle şaşkın bir ifadeyle ve yaralı hayvan gözleriyle suratıma bakıyor. Niye böyle hırçın ve edepsiz olduğumu anlamaya çalışıyor, büyük bir sabırla. Süt beyazı uzun gövdesiyle etrafımda dolanıp durdukça, insanın ayaklarına sürünen bir yavru kedi gibi yaltaklandıkça, büsbütün sinir olduğumun farkında değil. Avazım çıktığı kadar bağırarak, "Defol git," demek geçiyor içimden. Ama, bunu yapmadan önce, bilmem gereken bir ayrıntı var. Onun nasıl olup da evimde ve yatağımda uyandığını öğrenmem gerekiyor. Açıkça soramıyorum. Açıkça sorarsam, dün gece benim için iplerin koptuğunu itiraf ediyor olacağım. Hiçbir şey hatırlamadığımı, bu odanın içinde dolanıp duran kişiyle neler yaptığımı ya da neler yapmadığımı bilmediğimi... Kısacası bilinçsizliğimi, kontrolsüzlüğümü, çaresizliğimi kabul etmiş olacağım. Bunu istemiyorum.

"Birkaç damla süt için, çok ağır bir yanıt değil mi bu?" diye soruyor, yüzünde yine o yarı incinmiş, yarı "şaka yapıyorsun ama fazla oldun" ifadesi.

"Siz çay içmeyi bilmeyen bir milletsiniz."

"Siz çok mu iyi biliyorsunuz bu işi?"

"Kesinlikle evet. Biz, bir de Ruslar."

"Başka ne bilirsiniz bizden iyi, bakalım?" Sesinde alay var.

"Çok şey biliriz."

"Mesela?"

"Sevişmesini."

Bu sefer yüzünde sadece incinme var. Tuzağıma düştü. Bu sözü özellikle söyledim ve... Aman Allahım, ben ne yaptım dün gece?..

Oturma odasındaki kanepenin üstünde uyandım bu sabah. Yerde bir yastıkla bir battaniye duruyor, öylece atılmış. Koltuğun üzerinde ise dün gece giydiğim giysiler. Kafam çatlıyor. Ağzımın içi zehir gibi. Odanın kapısında, boyu beş metreymiş gibi duran, bu güneş yüzü görmemiş adam, süt beyazı uzun bedenini kapıya yaslamış, çipil mavi gözlerini kırpıştırarak tatlı tatlı bakıyor.

"Uyandın mı nihayet?"

Nihayet mi? Saat kaç? Bu adam evimde ne arıyor? Gözlerimi ovuşturuyorum. Şu an uyku sersemiyim ama birazdan hatırlayacağım her şeyi.

"İçkiyi fazla kaçırdın dün gece."

Yanıtlamıyorum.

"Ben de izin verdim istediğin kadar içmene. Böyle durumlarda iyi gelir içmek."

Hangi durumlarda? Sen de kim oluyorsun? İzin vermişmiş!.. Niye yatağımda değil de burada yatıyorum ben? Kalkmaya çalıştığımda, başım döndüğü için geri düşüyorum. Adamı inceliyorum şimdi. Uzun ve ince olmasına rağmen löpür löpür görüntüsü, acaba aşırı beyazlığından ötürü mü? Birden çıplak olduğumu fark ediyorum yatakta. Felç iniyor sanki her yanıma. Çarşafın altında ufalmaya çalışıyorum.

"Lütfen gider misin! Kalkacağım." Omuz silkiyor, sanki, "bana ne," der gibi. Arkasını dönüp içeri gidiyor. Çarşafa bürünüp kalkıyorum. Koltuğun üzerindeki giysilerimi karıştırıyorum. Bunları ben mi çıkardım, yoksa o mu çıkardı üstümden dün gece? Giysilerimi alıp banyoya geçiyorum. Soğuk su vuruyorum yüzüme önce. Ağzımı çalkalıyorum. Duşun altına giriyorum. Soğuk su tenime değdikçe, üstüme ateş parçacıkları düşmüş gibi sıçrayıp irkiliyorum. Banyodan çıkmadan önce, dün geceye dair her şeyi hatırlamalıyım. Sonra da iyi niyetle dolanıp duran bu gâvuru kapının önüne koymalıyım. Bornozuma sarılıp banyodan çıktığımda, kafam hâlâ çatlıyor ve hâlâ bomboş.

"Sen daha gitmedin mi?" diye soruyorum, uzun adama.

"Senin kendine geldiğini görmeden gidemem."

"Sen git. Ben açılırım yavaş yavaş. Dün gece çok içtim galiba."

"Çok mu? Çok sözcüğü yetersiz kalır, içki komasına girdiğini zannettim bir ara."

"Şimdi iyiyim, haydi sen git artık."

"Dün gece beni yollamaya böyle meraklı değildin ama. 'Ne olur beni yalnız bırakma Gerry,' deyip duruyordun."

Gerry? Gerry? Bu adı hatırlayacağım. Bu sesi de. Sally'nin bir arkadaşı yok muydu Gerry diye? Bu pırasa, o işte! Allahım, aklımı bir an evvel başıma geri yolla!

"Gerçekten çok içmişim gece. Başım ağrıyor, biraz da kopukluk var. Biz Sally ile sinemaya mı?.."

"Tiyatrodan çıkınca, King's Road'un üstündeki Rus lokantasına gittik. Votkaları hepimizden hızlı devirip durdun?"

Eveeet... Dumanlar açılıyor yer yer. "Kalinka Kalinka" diye, kollarım havada avaz avaz bağırdığımı anımsıyorum.

"İlk başta çok neşeliydin. Şarkılar söylüyordun, çalgıcılarla birlikte. Sonra birden kederlendin, ağlamaya başladın."

"Kimler vardı orada bizden başka?"

"Hatırlamıyor musun?" diye soruyor pırasa adam, "Sally, David bir de biz. Senle ben."

İçim biraz rahatlıyor sanki. Sally çok yakın arkadaşım, David onun kocası. Onlar benim dostlarım, kendimi onların yanında dağıtmış olmam çok vahim değil de... bu pırasa canımı sıkıyor. Pırasanın getirdiği koyu kahveden içiyorum birkaç yudum. Daha iyiyim şimdi.

"Evde biraz süt olsa, böyle zehir gibi içmek zorunda kalmazdın kahveni," diyor. Hâlâ süte takılı nedense. Tanrım, ne manasız ve ne uzun bir adam. Kendi ülkemin orta boylu, tıknaz, kıçı yere yakın ve kadınlara hizmeti zül sayan esmer erkeklerine müthiş bir hasret duyuyorum birden. Şimdi karşımdaki bir Türk olsaydı, kapıyı vurup çoktan gitmişti. Belki, yaradana sığınıp bir de şamar indirmişti suratıma, tam çekip gitmeden önce.

"Ben on yaşıma bastım basalı, ağzıma süt koy-mu-yo-rum. Bu evde süt bulunmaz. Sütten nefret edi-yo-rum. Anladın mı?"

"Canın isterse. İleri yaşlarda kemiklerin eriyecek."

"Gerry, ben ileri yaşlara kadar yaşamayacağım."

"Dün geceki gibi içersen, söylediğin doğru olabilir," diyor pırasa. "Bak güzelim, kadın erkek herkesin başına geliyor bu iş. Bu olayı geride bırakmayı başarmalısın."

Alık alık bakıyorum adamın yüzüne. Neler biliyor benim hakkımda, bu elin gâvuru? Sally anlatmış olmalı ona hayat hikâyemi. Oysa, tutucu bir İngiliz kızından hiç beklenmez böylesine bir boşboğazlık.

"Sally yeterli bilgiyle donatmış seni anlaşılan," diyorum buz gibi bir sesle.

"Sen anlattın çoğunu," diyor Gerry.

"Dün gece mi?"

"Ayla, iki hafta önce, köyde geçirdiğimiz hafta sonu anlattındı ya neden boşandığını."

Elimden kahve fincanını düşürmeme ramak kaldı. Ben bu adamı başıma dün akşam musallat ettiğimi düşünüyordum, oysa öncesi varmış... Ne oldu benim belleğime?

"Davidler'in köydeki evine gitmiştik hani. Ocak yanıyordu çıtır çıtır. Sana, İstanbul'daki evini hatırlatmıştı. Duygulanmıştın..."

Evet, doğru söylüyor, ne zaman kocaman kütüklerin çıtır çıtır yandığı bir şömine görsem, duygulanırım. Boğazımın orta yerine bir yumru oturur, gözpınarlarıma yaşlar birikir. Yutkunurum ağlamamak için. Yanan şömineler bana hep, mutlu olduğumu sandığım bir evde, beni sevdiğini sandığım bir kocayla geçen yıllarımı anımsatır. Boşa geçen, kadirbilmez bir erkeğe akıttığım gençlik yıllarımı.

Ama, kapatmamış mıydım ben bu defteri? Kendime acımaktan vazgeçmeyi, zor yollardan, anlamsız ilişkilerden, içinden bin pişman çıktığım yataklardan geçerek öğrenmemiş miydim? Yaralanan onurumu onarmak ve aldatılmanın öcünü almak için, Londra'da önüme gelene takılırken, kendimi harcamanın aptallık olduğunun ayrımına varıp, tövbekâr olan ben değil miydim? Üstelik de, bir gün ansızın, Verlaine'in mısralarında aynaya bakarken bulmuş olduğumdan ötürü, kendimi.

"Avare gençliğim benim, her gelene kul köle
Ve şan olsun diye, sunduğum ölesiye."

Kendimi şan olsun diye sunmamaya kesin karar veren ben, ne oldu dün de akşam uzun süredir içmediğim kadar çok içip, belleğime bir darbe indirdim?

Gerry! Bu beyaz, uzun, löpürdek adam! İki hafta öncesi olduğuna göre, belki daha öncesi de vardı. Yoksa, beline doladığı bir havluyla, dikilir durur muydu kapının önünde öyle?

"Gerry, çok yorgunum. Ben yine yatıp uyumak istiyorum. Sen işine gitmiyor musun?"

"Bugün pazar," diyor pırasa. "Evim şehrin taa öbür ucunda, biliyorsun."

Hayır bilmiyorum. Bu sabah, hiçbir şey bilmiyorum. Biri kafama çekiçle vurdu, açılan yaradan tüm bilgilerim aktı gitti. Yok yalan bu, sadece dün geceyi hatırlayamıyorum. Ya dün sabahı? O da yok! Daha önceki gün, daha, daha öncesi?

"Bugün pazar, demek!"

"Elbette. Saat üçte tenis oynamak için kortta yer de ayırttık ya dün. Onu da mı hatırlamıyorsun? Bana üçe kadar katlanacaksın mecburen. Uykun varsa, sen yat, uyu. Ben gazete alıp geleceğim. Süt de alırım."

Sütlerin içinde boğul emi, süt tenli İngiliz.

"İstediğin bir şey var mı?" diyor pırasa.
"Yalnız kalmak istiyorum."
"Bu ruh haliyle, seni yalnız bırakamam."

Sen nereden bilebilirsin ki benim ruh halimi! Ben bu hale gelene kadar nerelerden geçtim, ne bilirsin sen?
"Ben iyiyim. Lütfen gider misin Gerry!"
"Zaten gidiyorum ama hemen döneceğim. Seni yalnız bırakmayacağıma dair Sally'ye söz verdim..."

Bu iş korktuğum gibi değil. Dün gece ben bu pırasaya Sally ve David tarafından emanet edilmiş olmalıyım. Bir İngiliz centilmeni, emanete hıyanet etmez. İyi de, ben niye kanepenin üzerinde yattım? Hemen yerimden fırlayıp yatak odasına koşuyorum. Yatak bozulmuş. Pırasa dün gece benim yatağımda yatmış. Battaniyeyi de bana verip, yatak örtüsüne bürünüp uyumuş olmalı. Yatağı düzeltiyorum. Gözüm aynaya takılıyor. Bembeyaz yüzümle, bir hortlak gibiyim. Duş alırken rimellerim büsbütün akıp bulaşmış yüzüme. Gözlerim şiş. Ağlamışım dün gece, öyle dedi pırasa. Çirkin, berbat bir cadı görünümündeyim. Üstelik içim de kötülük dolu. Koşup kapıyı açıyorum merdivenlerden inen adama seslenmek için. "Bu eve süt girmez. Sakın getirme." Sesim, merdiven boşluğunda yankılanıyor. İncinmiş köpek gözleriyle yukarı, bana bakıyor adam.

"Süt duası okutalım, abla," demişti Zehra.
"O da nesi kızım?"
"Dua işte. İyi gelir, ferahlık verir eve. Anneme haber salayım, gelip okusun."
"Ben inanmam öyle şeylere."
"İnanmasan da yaptıralım, ne olur." Yalvarıyor adeta.
"Kızım, böyle dualarla filan evlilikleri pekiştirmek mümkün olaydı, kimse boşanmazdı."

"Yüreğin ferahlasın diye, abla."

"Sen benim için üzülme Zehra, ben iyiyim kızım."

Zehra, ela gözlerini dikip, yüreğimin en derin noktasını görmek ister gibi bakıyor gözlerimin içine. Benim evimin yıkılması, onun evinin de yıkılması demek. Bu yüzden midir gecelerdir onu da uyku tutmaması, salonda sabahın üçünde toz almaları, ütü yapmaları ve gözyaşlarını benden saklamaya çalışmaları?

On beşte bir, büyük temizliğe gelen Fatik, "Kızı bir kurtarabilsem, başka şey istemiyorum hayatta," demişti. "Şarapçıdır benim adam, her akşam eve fitil gibi gelir, beni döver. Kız üzülür. Bir gün, beni elinden almak isterken, dayak ona da bulaşacak diye korkarım."

On üç yaşındaydı kızı. Bir-iki kere, annesini iş çıkışı almaya gelmişti. Yuvarlak, güleç bir yüzü, dürüst bakan ela gözleri, koyu kumral, ipek gibi saçları vardı. İçim hemen ısınmıştı kıza.

"Senin bu merhametinden bıktım," demişti kocam. "Burası Kızılay değil. O yaşta kız, çocuk filan bakamaz. Kendisi çocuk onun."

Kız, çeşitli nedenlerle ayrılan yatılı yardımcıların üçüncüsüne de yol vermemden sonra başlamıştı işe. Sabahları, eve her gün gelen hizmetçiye yardım ediyor, akşamları sofrayı toplayıp, bulaşığı yıkıyor ve gezmeye gittiğimizde bebeği bekliyordu.

"El kadar kıza çocuk emanet edilir mi?" demişti annem. "Sen gerçekten biraz çatlaksın."

"Son çıkarttığım diplomalı dadıdan daha sorumlu bu küçük kız, anne," demiştim.

Gerçekten de öyleydi. Sadece sorumlu ve iyi huylu değil, çok da zekiydi. Gültepe konduları yerine, bizim yaşadığımız muhitlerde doğsaydı, bir sürü ailenin, çocuklarını iyi bir özel okula sokmak için oluk oluk para akıttığı özel derslere hiç gerek duymadan, en yüksek puanları tutturabilirdi kolaylıkla.

"Niye okutmadınız bu kızı Fatik?" demiştim.

"Okuyup da netçekmiş?" demişti Fatik. "Berberin yanında işe koymuştuk. Ama ben kızı evden kurtarmak için, yatılı hizmete vermek istedim."

Kız, üçüncü sınıftan sonra okula yollanmamıştı. Ona, dördüncü ve beşinci sınıfların kitaplarını almıştım. Yanımıza gelişinin yılında, dışardan ilkokul bitirme imtihanlarına sokmuştuk Zehra'yı. Elinde kapı gibi ilkokul diploması vardı artık. Yaşı on dörde varmıştı. Mahallenin ortaokuluna yazdırmıştık.

Fatik, elinde iki kutu Pınar sütle gelmişti sabahın köründe. Direnmiştim, "İstemiyorum bu saçmalıkları," demiştim.

"Bir gurşun döktüreydin zamanında, başına gelmezdi bu işler," demişti Fatik. "Nazara geldin, nazara!"

"Sen döktürüyorsun da çok mu iyi haldesin?" diye sormuştum.

"Ben kendimi insandan bile saymıyorum, hanım," demişti Fatik. "Bu alına yazılanı, hiçbir gurşun sökemez." Eliyle alnına vurmuştu çat çat. "Beni boş ver, yeter ki siz iyi olun ve Zehra gurtulsun."

Zehra kurtulmuştu. Zaman içinde lise diplomasını bile almıştı. Ama üniversite sınavlarına girmesine babası rıza göstermemişti. Onu, hemşire okuluna yazdırtmıştım zorla. El kapılarında ev işi yapacağına, bir mesleği olsun, hemşireler dünyanın parasını kazanıyor diye ikna etmiştik şarapçıyı. Babasından gizli İngilizce kurslarına da gidiyordu.

Ana kız, bir tencerenin içine doldurdukları sütü, taşım taşım kaynatıp duruyorlardı ocağın üstünde. Başa çıkamayınca, "Ne haliniz varsa görün, yeter ki beni bu işe bulaştırmayın," demiştim. Zehra, sütü taşırmamak için, ateşin az üzerinde tutuyordu tencereyi, Fatik de birtakım dualar okuyup, benim bulunduğum odaya doğru üfleyip duruyordu. Nasıl bir medet umuyorlardı acaba sütten? Başka kadınlara takılan kocalar koşa koşa evlerine mi dönüyorlardı? Ben ettim sen eyleme diyerek ayaklara kapanıyor ve bundan böyle uslu mu duruyorlardı? Kadınlar da af ve barış ilan edip, hemen koyunlarına giriyor, en cilveli halleriyle ve tabii süt duasının da gücüyle, geri kazanıyorlardı zahir erkeklerini. Bu işler, böyle oluyordu demek ki kondularda. Konduların, sahneciler ya da medyacılar tarafından keşfedilememiş, kara bahtlı genç kadınları, kendilerini ya sürekli döven, ya sürekli gebe bırakan ya da sürekli sömüren kocalarını dualar ve muskalarla yola getirmeye çalışıyorlardı. Öyle anlatıyordu Fatik ve öyle bir umutsuzluğa düşürüyordu ki beni, sanki bu ülkede, o kadınların geçmiş ya da gelecek zamanları yoktu. Onlar, hep geniş zamanlarda yaşarlardı. Dünleri de, yarınları da bugündü; böyle gelmiş böyle giderdi, hiç değişmeden!

Ama, Zehra kurtulmuştu işte. Sayemde, Zehra'nın lise diploması vardı. Yakında bir de mesleği olacaktı. Bunlara rağmen, süt duası gibi saçmalıklara, cahil annesinin zaafları diye, utangaç bir hoşgörüyle yaklaşıyor gibi dursa da, kocakarı yöntemlerine inanmayı göz ardı ettiğini söyleyemezdim. Ne de olsa, hücrelerine sinmişti kondu kültürü. Süt tenceresinin başında, annesiyle birlikte, benim için dualar okuduğunu ve duaları benden tarafa üfleyerek yolladığını, gözucuyla görebiliyordum oturduğum yerden. Benim evliliğimin kurtarılması onun için çok önemliydi. Bu yuva yıkıldığında, annesiyle babasının evine sığınmak istemiyordu. Orada, sarhoş baba, ceberrut ağabey ve dayak vardı. Onun da dünyası, benimki gibi paramparçaydı bir süredir.

Saf Zehra! Gecekondu çevresinin dışındaki kadınların hırpalanmadığını zannetmişti hep. Benim sosyal sınıfımdaki hemcinslerinin her zaman bakımlı, alımlı ve mutlu olduklarını sanıyor, öykünüp duruyordu bizim gibilere. Anası içinse, kadın doğuştan kısmetsizdi, kural olarak.

"İster zengin, ister fakir olsun, garı kısmının gaderi değişmez, dedim ama, anlatamadım," demişti Fatik. "Şimdi gördü işte gözleriğnen."

Zehra, gözleriyle gördüklerinden çok sarsılmışa benziyordu. Onun bir köşesinden içine adımını atmış olduğu sırça köşkü, tuzla buz olmuştu. Tahsilli, yakışıklı ve zengin olduğu için, haksızlık, yanlışlık, kötülük yapacağına ihtimal vermediği evin beyi, tıpkı gecekondu kocaları gibi davranmıştı. Şaşkınlığını bir türlü atamıyordu üstünden Zehra.

"Abla, bizim oralarda kadınlar berbat durumdadır. Ağızlarında diş kalmamış, un çuvalı gibi karılarının üstüne elbette kuma filan getirirler, onları da çürütene kadar ite kaka kullanırlar. Ama senin üstüne nasıl gül koklanır, anlayamıyorum," demişti.

Tam da, Amerikan Hastanesi'nin Hemşirelik Okulu'ndan diplomasını aldığı günlerin, hemen sonrasına rastlamıştı evimizdeki çözülme. Kep giyme törenine birlikte gitmiştik Fatik'le. Yaz sonu, yanımızdan ayrılıp, kendi mesleğine başlayacaktı. Nerede yatıp kalkacağına henüz karar vermemiştik. Ben "ev yardımcısı" sıfatından tamamen sıyrılması, sınıf atlamasını tamamlayabilmesi açısından, bizden ayrılması gerektiğini düşünüyordum. Baba evine gitmek istemiyordu. Belki bir-iki arkadaşıyla bir ev tutabilirlerdi, ucuz bir muhitte. Hastanede çalışan genç bir asistan doktorla flört ediyordu, ilk aşkını yaşıyordu Zehra. Mutluydu. O doktorla evleneceğini umuyordu. Ama kısa sürmüştü bu bayram havası.

Benim, boşanma davası açıp, çocuğumu İngiltere'de okula yerleştirme bahanesiyle, evden uzun süreli ayrılmamdan sonra, bana bir mektup yollamıştı Londra'ya.

"O iş olmadı. Beni, bizim mahallede isteyen biri var, babamla ağabeyim çok ısrar ediyorlar, ben hiç istemiyorum ama, herhalde en doğrusu evet demek," diye yazmıştı.

Üzülmüştüm. Zehra'nın hangi sebeplerle doktordan ayrıldığını henüz bilmiyor ama tahmin edebiliyordum.

Tek sığınağı olan, "bizim evimiz" dağılmıştı, içinde, onun da bir odasının, bir "örnek" ailesinin olduğu o ev yoktu artık. Kocamla benim boşanma dosyamız, asliye hukukta gün bekliyordu. Daha kendi küçücük bir çocukken, sorumluluğunu üstlenmeye sıvandığı oğlumuz, büyümüştü, uzun bir tahsil için yurtdışına gönderiliyordu. Zehra'nın, eğitmeni, yaratıcısı, örnek aldığı güzel hanımının yuvası yıkılmıştı. Umut bağladığı ilk aşkı hüsranla sonuçlanmıştı. Derin bir hayal kırıklığının ve boşluğun uçurumunda, yapayalnız durduğunu ve çok korktuğunu anlayamayacak kadar bencil ve kendime dönüktüm o ara. "Benim kendi derdim başımdan aşmış" havasında, vurdumduymazlık içindeydim. Mektubuna cevap yazmadım Zehra'nın.

Sally'ye telefon etmeliyim. Dün gecenin sırrını bana sadece o anlatabilir. Ama bugün pazar ve Sally ile David köyde, ormanların içinde yürüyüştedirler şimdi. Koyu kahve iyi gelmiş olmalı, başımın dönmesi azaldı.

Ufak ufak evi toparlamaya başlıyorum. Tepeleme dolu kül tablasını, sağda solda bırakılmış içki bardaklarını mutfağa taşıyorum. Etraftaki bunca döküntüye, cips artıklarına ve buz kovasındaki erimiş buzlara bakılırsa, dün gece tiyatroya gitmeden, benim evde içki içmiş olmalıyız. Zevahiri kurtarmaktan vazgeçtim çoktan... Pırasa döndüğünde, olanları hâlâ hatırlayamıyorsam, soracağım her şeyi. Dün geceyi bana ayrıntılarıyla anlatsın. Viski şişesinin ortalıkta görünmeyen kapağını bulmak için, kanepenin altına bakıyorum, eğilip. Kanepenin altı toz içinde. Kapak, birkaç firkete ve ince uzun bir şey daha var, orada. Kolumu kanepenin altına uzatıp çekiyorum o şeyi. Bir kemer. Kim bilir ne zamandır orada? Kim bilir kimin? Kim bilir? Kim bilir? Boğazıma bir yumru oturuyor...

***

Yatağımın altına kayan terliğimi almak için eğilmiştim, orada, o daracık karanlık boşlukta başka şeylerin de olduğunu fark ettiğimde. Perdeleri açtım, ama odaya dolan ışık, yatağın altını aydınlatmaya yetmedi. Konsolun çekmecesinden el fenerini çıkarttım. Şu hizmetçiler, temizlik yaparken asla yatağı çekip altını süpürmeyi akıl etmezler, kim bilir neler çıkacak oradan şimdi, diyordum. Ne zamandır arayıp durduğum tarağım, yatağın başucundan kayıp düşmüş bir-iki ince kitap belki de. Doğru bilmişim. Yere uzanıp, el feneriyle baktığımda, tarağı, terliğimi ve bileziği gördüm. İşte, tam o an gördüm bileziği. Ama henüz, onun bilezik olduğunu bilmiyordum. Yatağımın altında, bir şey ışıldıyordu. Kolum erişmedi oraya. Dizlerimle ite ite yatağı sürüdüm, tekrar yere uzandım, eriştim bu kez. Soğuk, sert nesneyi tutup çektim. Üç pırlanta bir safir, üç pırlanta bir safir, üç pırlanta, bir safir... Benim değil ama, tanıyorum ben bunu. Bu, benim arkadaşımın bileziği. Suna'nın bileziği bu. Ne zaman düşürdü yatağımın altına?

Bir süre, hiçbir şey düşünmeden duruyorum öyle. Elimde bilezik, ben yerde oturmuşum, yatak kenara itilmiş. Hiçbir kötü niyet yok içimde, uzun bir süre... Belki de çok kısa bir süre. O an, zaman kavramının dışındayım ben. Dünya bir an için durmuş, dönmüyor.

Ben Bodrum'dan dün gece dönmedim mi? Evet... On gündür yoktum evimde. Aslında hep birlikte gidecektik, kocam, ben ve oğlumuz. Sonra kocamın işi çıktı. Bizi yolladı. Gelmesi hafta sonuna kaldı. İşi uzadı, hafta sonu da gelemedi. Ben gitmeden bir gece önce, bir düğündeydik Moda Kulübü'nde. On kişilik masamızda oturuyorduk arkadaşlarımızla. Cemile, "Bileziğinin kopçası açılmış, Suna," demedi mi? Suna bileğini, kopçayı kapatması için, yanında oturan kocama uzatmadı mı? Kocam, bileziğin incecik, küçücük kopçasını kapatmayı beceremediği için, bu işi bana devretmedi mi? O bilezik, şimdi niye benim yatağımın altında?

***

"Zehraaa!" diye bağırıyorum. Pıtır pıtır ayak sesleri. Zehra odada.

"Ben yokken bu eve hiç misafir geldi mi?"

"Gelmedi."

"Doğru söyle, bir kere daha düşün Zehra, geldi mi?"

Zehra'nın yanakları kıpkırmızı oldu. Yanıt yok. Birbirimize bakıyoruz.

"Evet?"

"Abla, ben üç gündür yoktum da..."

"Nasıl yoktun?"

"Erol Bey beni anneme yolladı."

"Neden?"

"Ben hafta sonu Ada'ya gideceğim, bomboş evde kalma, sen de annene git, dedi."

"Niye bana hiç söylemedin?"

"Abla... 'Ben izin verdikten sonra, ablana söylemesen de olur,' dediydi ama, zaten dün gece geldin, ben söyleyecektim."

"Çık dışarı Zehra."

"Vallahi söyleyecektim."

"ÇIK! ÇIK! ÇIIIK!"

Sesim beni de korkutuyor, onu korkuttuğu gibi. Kız gitti. Kız yok. Sadece ben varım. Ben yerde iki büklümüm. Kucağımda duran elim, yumruk olmuş, midemin içine doğru giriyor. Midemde bir acı var. Midem çok çok çok acıyor. Yumruğumla midemi deliyorum. Midemden pırlantalı, safirli bilezikler boşalıyor oluk oluk... Yerden kalkamıyorum. Yerdeyim, yerlerdeyim, yerlerde sürünüyorum, yerlerde yuvarlanıyorum, acımı yatak odasının halısına bulaştırıyorum, her yerim sırılsıklam, geceliğim ıslak, yer ıslak, işediğimi sanıyorum bir an, ama değil, ter hepsi, belki de işedim, ne yaptığımı bilemiyorum, elim yumruk halinde midemin içinde, pırlantalı, safirli bilezikleri çekip çekip alıyorum midemden, her biri çıkarken içimi paralıyor, ama bu dayanılmaz, korkunç acıya karşın bağırmıyorum, bağıramıyorum, sesim yok, sesim çıkmıyor, dişlerim sıkılı, öylesine sıkılı ki, çenem, boynum, bütün yüzüm acıyor, kollarım, bacaklarım acıyor, ellerim, ayaklarım, sırtım, göğsüm, ağzım, gözlerim acıyor. Deli bir acı esir almış beni. Deli bir acı, midemden bütün gövdeme yayılıyor. Ben kocamaaaan bir "acı"yım artık. Mücerret, gözle görünür, elle tutulur bir "acı"yım.

"Taze ekmek, kayısı marmelatı ve Alka-Seltzer de aldım, gazetelerin yanı sıra," diyor pırasa. "Şimdi bir güzel kahvaltı eder, kendine gelirsin. Yağmur durunca da bir yürüyüş yaparız. Temiz hava, akşamdan kalanlara en iyi ilaçtır."

"Sen benim dadım mısın?" diyorum.

"Bu günlük öyle oldum."

"Seni azat ettim, serbestsin."

"Ama ben de Sally'ye söz verdim, akşama kadar buradayım. Kendini daha iyi hissediyorsan, tenisten sonra giderim."

"Bu kemer senin mi?" Göz atıyor kemere.

"Ayla, bu bir kadın kemeri..." Yaralı hayvan gözlerini dikti yine yüzüme.

Tanrım, bu nazik Anglosakson yerine, Orta Asya bozkırlarından geldiğini bir türlü unutmak istemeyen bir Anadolu Türkü olsaydı karşımda şimdi, işim bitmişti. Düşünmek, hatırlamak, giyinmek, beslenmek, nazik olmak gibi bir sürü angaryadan kurtulmuş olacaktım.

"Sen bana karı mı demek istedin, haa?" diye üzerime yürür, ucuzluktan aldığım mavi saplı ekmek bıçağını üç-dört kere dah dah ederdi (Ah Nâzım, kurtuluş yok senden!) bir boynumdaki şahdamara, bir kalbime, bir mideme, bir de orama. Kanım boynumdan bir fıskiye gibi fışkırır, diğer yaralarımdan usul usul akardı. O, ağır tahrikten dolayı indirilmiş birkaç yıllık cezasını çekip çıkarken, ben huzur içinde nicedir uyuyor olurdum, annemin her cuma eliyle sulayacağı ve yediveren gülleri dikeceği mezarımda. Ohh be, ne rahat!! Kim bilir, belki de katilim, hapisten çıkarken, ben bu kez başka bir misyonla yollanırdım dünya yüzüne, Beyoğlu batakhanelerinde bir fahişe veya bir bitirim, belki de Toroslar'da bir ayı ya da tavşan olarak. Milletimin kara bıyıklı, abus çehreli, ne işe yaradıklarını hiç anlayamadığım vekillerini, hep çok küçümsemiş olduğum için bir önceki ömrümde, Tanrı beni cezalandırmak amacıyla, TC parlamentosuna bir milletvekili olarak da yollayabilirdi, örneğin. Ama ne yazık ki tüm bu fantezilerin gerçekleşmesine olanak yoktu, çünkü karşımda bir Anadolu erkeği değil, bir İngiliz duruyor ve ne yapsam kızmıyordu.

Kemeri kıvırıp bir kenara koydum.

"Gerry, dün geceyi anlatsana bana," dedim.

"Her şey çok iyi başladı," dedi Gerry. "Burada buluştuk, birer içki içtik. Tam evden çıkarken sana bir telefon geldi. Telefonda ne konuştuğunu anlayamadık ama, kafan çok bozulmuş olmalı. Bir parmak viskiyi diktin aceleyle, öyle çıktık evden. Çok suskundun. Tiyatrodan sonra, lokantada içtin de içtin. Bir ağladın, bir güldün. Sarhoş oldun. Hiç anlatmak istemedin telefonda sana söylenenleri. Biz de seni üzmemek için üstelemedik. Seni eve ben getirdim. Evde daha da içtin, ağladın, Türkçe homurdandın, sonra da kanepede sızdın. Uyandıramadım seni bir türlü. Seni soydum, üstünü örttüm ve ben de mecburen senin yatağında yattım."

"Beni sen soydun öyle mi?"

"Ayakkabılarını ve elbiseni çıkardım."

"Sen?"

Ben çıkardıysam ne fark eder sanki, der gibilerden yüzüme bakıyor ve gazeteyi uzatıyor bana.

"Göz atmak ister misin? Belki Türkiye ile ilgili bir haber vardır."

"Çay var mı?" diye soruyorum. Sanki Gerry benim uşağım.

"Var," diyor Gerry. "Suyu ısıtıyorum, biraz bekle."

Çarşıdan döndüğünde, gazetenin altına bir küçük kutu süt saklayıp mutfağa götürdüğü, kaçmadı gözümden. Ama artık, hiçbir mecburiyeti yokken bana yardımcı olmaya çalışan bu adamla itişmekten vazgeçiyorum. İyiliğimden değil, çok yorgun olduğum için. Gerry, bir tepsiyle karşımda şimdi. Benim çayıma bir dilim limon koymuş, kendininkine bir damla süt damlatmış. Görmezlikten geliyorum. Tepsiyi dizlerime bırakıp, kendi fincanını eline alıyor.

"Ayla," diyor, "bu dünyada eşini aldatmayan ne bir kadın ne de bir erkek vardır. Fiilen olmasa bile, hayallerinde mutlaka sevişir insanlar başka biriyle. Bu işi büyütme. Lütfen."

"Niye bunları söylemeye gerek gördün ki? Ben ayrılalı onca zaman oldu üstelik."

"Onca zaman olmasına karşın, ayrılma nedeninin seni hâlâ rahatsız ettiğini biliyorum. Oysa ne kadar saçma, buna takılıp kalman."

"Saçmalama. Ben o defteri kapatalı bir yılı geçti."

"Öyleyse, neydi dün akşamki halin? Acaba kısa bir süre için, yardım istesen bir psikologdan..."

Yanıtlamıyorum. Dün gece fena dağıttığımın farkındayım. Ama neden dağıttığımı bilemiyorum. Kafamda bir blok oluştu. Gerry ile, dün geceki davranış nedenlerimin münakaşasını yapacak değilim ama onun varsaydığı neden, doğru değil; çoktaan unuttum ben o işi. Onardım yüreğimi, kendime yeni bir hayat kurdum başka bir ülkede, bitti gitti. Tanrım, neydi dün gece beni mahveden? Bu adam çıkıp gitse, beni rahat bıraksa, düşünmeye vakit bulsam, belki taşlar yerli yerine oturacak...

Hiç konuşmadan, pırasanın kucağıma bıraktığı tepsinin üzerinde, kahvaltımı ediyorum. Fincanına baktığımı görünce,

"Kusura bakma ama, ben ne Türküm ne de Rus, çayımı sütsüz içemem," diyor.

Fatik'in süt duasının hiçbir faydası olmamıştı yıkılan yuvanın toparlanmasına, içime ferahlık da vermemişti. Fatik ve Zehra, kendilerini tatmin etmişlerdi yalnızca. Ellerinden gelen her şeyi yapmak istiyorlardı, biraz benim için, biraz da Zehra için. Bu ev kapanırsa, nereye gidebilirdi ki Zehra? On yıl önce buraya gelmek için terk ettiği, şarapçı ve dayakçı babasının kondusuna mı?

"Bu dualardan medet umuyorsan, bir tas süt de kızın için kaynat, iyi bir kocaya gitsin," demiştim.

"Gocanın eyisi olmaz zati de, ben gönlü gırılacak diye gorkarım," demişti, "O doktur almaz benim gızımı. Neyin nesi olduğunu anlayınca, gor gider."

"Senin kızın akıllı, terbiyeli, okumuş, güzel bir kız," demiştim demesine de, babaannemin lafları ötüşüp duruyordu kafamda.

"Bu kıza iyilik değil, kötülük yapıyorsunuz. Davul dengi dengine vurur, sonunda işin içinden nasıl çıkacaksınız bakalım!" demişti babaannem.

"Kader, insanın değiştiremeyeceği bir olgu değildir," demiştim, bilgiç bilgiç, "insan, okursa, bilinçlenirse, sınıf da atlar."

Ben on yılımı vermiştim Zehra'yı eğitmeye. Kendine her sunulanı, susuz kalmış çiçek gibi, tüm hücreleriyle emmişti adeta kız. Şimdi ise, anası karşıma geçmiş, "Doktur onu almaz, her horoz çöplüğünde eşinmeli," diyordu. Çöplüğünde eşinecekse, yazık değil miydi bunca emeğe?

İç bakalım sütlü çayını süt adam. Sonra da, madem seni kızdırıp üstüme sıçratmakta çaresiz kalıyorum, kendiliğinden yıkıl git karşımdan. Şimdi şurada bir Türk dursaydı... bunca hakareti dinleseydi. Küt parmaklı elleriyle boğazımı sıkıp... Ben deli miyim neyim? Nereden takılıp kaldım bu cinayet işleyen Türk ayısı imgesine, sanki ömrüm boyunca dayak yemişim ya da öldürülmek üzere boğazım sıkılmış gibi? Neler var aklımın derin labirentlerinde?

"O iş olmadı. Beni, bizim mahallede isteyen biri var. Babamla ağabeyim çok ısrar ediyorlar, ben hiç istemiyorum ama, herhalde en doğrusu evet demek," diye yazmıştı Zehra.

Çocuğumu okuluna yerleştiriyordum. Kendime ev ve iş arıyordum. Aldatılmış olmanın verdiği aşağılık duygusunu, "Beni de isteyenler var işte!" gibisinden ucuz bir yöntemle tamir etmek hatasına düştüğüm için, hababam sevgili değiştiriyordum. Çok mutsuz ve çok meşguldüm. Zehra'nın mektubunu okuduğumda, babaannemin sözleri çınlamıştı kulaklarımda: "Davul dengi dengine vurur!"

O iş olmamıştı. Doktor almamıştı Zehra'yı. Onun da gönlü kırıktı artık benimki gibi. Ben, kendi kocasını arkadaşına kaptıran, evvel zamanlara ait babaannem kadar bile ileri görüşlü olamayan aptal ben, ne aklı verecektim ki Zehra'ya? Hayatını "yapıyorum" diye karmakarışık ettiğim, sınıf atlatıyorum diye böbürlenirken, kondusuna geri döndürdüğüm, kırık İngilizcesini bile kurtuluş nedeni sandığım Zehra... Zavallı kumral kuşum benim.

Annem, Fatik'in verdiği bir fotoğrafını postalamıştı, Zehra'nın mektubundan birkaç ay sonra. Beyaz gelinliğinin beline, kırmızı kurdele bağlamıştı Zehra. Sıkmabaşlıydı. Ela gözleri hüzünlü, durgun göller gibiydi. Kocası yoktu yanında. "Kocası, günaha girmemek için, resim çektirmezmiş," diye yazmıştı annem. Fotoğrafı, "Değerli ablama, nikâh hatırası," diye imzalamıştı, sıkmabaş gelin. Gözpınarlarıma biriken yaşlar, biberle harmanlanmış gibi, gözlerimi yakarak düşmüşlerdi yanaklarıma. Orada olabilseydim, bu kızın elinden tutabilseydim...

Fatik, "Her horoz kendi çöplüğünde eşinir," demişti.

Anneme telefon etmiş, biri benden, biri oğlumdan, iki altın bilezik ve bir miktar para yollatmasını rica etmiştim, evine alacağı fırını ya da buzdolabı bizden olsun diye. Sanki büyük bir suçum vardı ve hediyemi bol tutarak, bu suçu hafifletecektim. Oysa hiç hafiflemedi yüreğimdeki suçluluk duygusu.

Hayatımın ikinci fiyaskosu, öylesine acı veriyordu ki, onu da birincisi gibi, hepten unutmaya, anılara gömmeye karar vermiştim.

"Daldın," dedi pırasa. Hiç kızmıyor, hiç alınmıyor, beni hoş tutmak için her şeye razı. Benimse içimde nedenini bilmediğim canavarca duygular var. Bu adama hakaretler yağdırmak, onu dövmek, canını acıtmak istiyorum.

Çalan telefona ikimiz birden koşup, çarpışıyoruz. Ben ondan önce yakalarken ahizeyi, "Unuttun mu burası benim evim, dolayısıyla telefon da banadır," diyorum, telefonu açma telaşının aslında beni korumak için olduğunu bildiğim halde. Dün, tam evden çıkmadan önce gelen telefonla fenalaştığımı bildiğinden, bu kez telefonu o açmak istiyor ilk. Bir an, bir minnet duygusu, yüreğimi yoklayıp geçiveriyor.

"Alo," diyorum, koşuşturmanın etkisiyle biraz nefes nefese. "Seni merak ettim," diyor annem, taa İstanbul'dan. "Dün akşam çok bozuktu sesin. Sana o haberi vermek istemezdim ama, sonra kızardın bana, niye söylemedin diye... Nasılsın? Gece uyuyabildin mi? Toparlandın mı biraz..." Daha başka şeyler de söylüyor ama ben duymuyorum.

Çocukken üstü bin bir renkli bir topacım vardı. Tepesindeki kola basa basa ivme kazandırınca, vınlayarak hızla dönerdi. Bir beyaz leke haline gelir, üstündeki renkler, resimler silinir, görünmez olur, yerde, bir-iki karışıklık bir tayfunmuş gibi hızla, hızla eserdi. Derken, hızı azaldıkça vınlaması da azalır, takır tukur sesler çıkartmaya başlar, renkleri ve desenleri yavaş yavaş belirir, belirir, sonunda dangıl dungul yuvarlanır, bir yanına devrilip kalırdı topaç.

Vınlayan beyaz lekenin hızı azalırken, bin bir resim geçiyor gözümün önünden. Evime on üç yaşlarında getirilen, beyaz yüzlü, ela gözlü, can bir kız çocuğu. Elimde şekillenen varlık.

Okumayı söküşü, okul kapılarında, imtihan çıkışlarını beklerken, içi ışıl ışıl pırıltılı gözleriyle koşarak gelişi, ilk naylon çorabını, topuklu ayakkabılarını giyişi, okul önlüklü, hemşire üniformalı Zehra, İngilizce kursuna giden Zehra, kaderine başkaldıran Zehra, ilk aşkını yaşayan Zehra, ilk gönül yarasını başı yukarda taşıyan onurlu Zehra... sıkmabaşlı gelin... "Değerli ablama nikâh hatırası..."

Dangıl dungul yuvarlanıp düşüyor, renkli resimleriyle topaç. Telefon da elimden düşmüş.

Şimdi, avaz avaz ağlayarak Gerry'ye bağırıyorum: "Kocası Zehra'yı bıçaklayarak öldürmüş," diyorum,

"Dah etmiş bıçağı, dah etmiş bıçağı. Boynuna, kalbine, midesine, orasına burasına, her yerine, dah... dah... dah..."

DAR ZAMANLAR

"İtiraf etmek istediğin daha başka yalanların da var mı?" diye sordu Ahmet.

Sesimin titremesine engel olmaya çalışarak, "Ben sana hiç yalan söylemedim," dedim.

"Ablanın ablan, yeğeninin yeğenin, evinin de asıl evin olmadığını şimdi öğreniyorum ve sen bana, 'Sana yalan söylemedim,' diyebiliyorsun."

"Orası benim evimdi, ben orada büyüdüm," dedim. Sesim zar zor duyuluyordu.

İçimde giderek büyüyen bir canavar vardı. Canımı acıtan canavar, sanki birden göğsümden fırlayıp pat diye kucağıma düşecekti. Öyle derdi o, yani ablam, "Yalan giderek büyüyen bir canavara dönüşür, dallanır budaklanır içinden taşar... Sakın yalan söyleme."

Gözlerim pınarlarına biber ekilmiş gibi yanıyor, ağlamamak için dişlerimi sıkıyordum.

Kalender Tepesi'nin ucunda, denize karşı park etmiş bir arabanın içindeydik.

"Boğazın pembe saati," dediği bu olmalıydı ablamın, işte yine "ablam" diyordum, on yıldır yaptığım gibi. Ona başka türlü hitap etmesini bilmiyordum. Sadece, tek bir kere, o evdeki ilk günümde, annem çok sıkı tembihlemiş olduğu için, ağzımın içinde geveleyerek, "Hamfendi," demiştim. Bu sözü benim çocuk ağzımdan duyunca, bir gülümseme yayılmıştı güzel yüzüne, "Sen en iyisi bana abla de, emi," demişti.

"Annem 'hamfendi' dememi söyledi, yoksa, büyükanneniz çok kızarmış."

"Burası benim evim küçük kız, büyükannemin değil. Anneme ve ona, öyle hitap edersin. Bana abla de," demişti.

Ahmet dördüncü sigarayı söndürüp beşinciyi yaktı. Arabanın içinde dumandan göz gözü görmüyordu. Cehennem de böyle olmalıydı; dar, dumanlı, sıkıntılı ve korkunç acı veren.

"Niye sakladın bunca zamandır gerçeği benden."

"Niyetim yalan söylemek değildi. Sadece senin yanılgını düzeltemedim Ahmet. Evet, hatalıyım. Ama bir gün, zamanı geldiğinde, nasılsa söyleyecektim."

"Ne zaman, iş işten geçtikten sonra mı?"

Camı aralayıp sigarasını fırlattı dışarı doğru. Maçka'daki apartmanın benim evim ve orada yaşayanların da benim ailem olmadığını dün gece öğrendi. Bugün hesap soruyordu o evde büyüyen hizmetçi kıza! Beni evin kızı sanıyordu. Bu yanlışını düzeltmemiştim. Aslında, yanlış da değildi, o evin kızıydım ben, eve adımımı attığım andan itibaren ailenin bir ferdi olmuştum.

Horlanmamış, itilip kakılmamıştım. Ablam bana pembe perdeli bir oda hazırlamış, tepeden tırnağa yeni giysiler almıştı. Özel öğretmenler tutup, imtihanlara hazırlatmış ve beni sınıf atlatarak, yaşıtlarımın sınıfına, ortaokula sokmuştu. Evde misafir olmadığı zamanlar yemeğe onlarla aynı sofrada oturuyordum. Yurtiçinde ve dışında, tatillere hep birlikte gidiyorduk. Belki ben Emre'ye göz kulak olmak için götürülüyordum ama, dışardan bakanlar için, gerçek bir abladan farkım yoktu. Biraz dil, çok iyi de kayak öğrenmiştim bu sayede. Zaten evdeki bütün işim, küçük Emre'yle meşgul olmaktı. İlk yıllarda onlar akşamları sokağa çıktığında Emre'yi beklemiş, gündüzleri onu parka götürmüş, yemeğini yedirmiş ve ona masal okumuştum, tıpkı bir gerçek ablanın kardeşine yapacağı gibi. Çocuk büyüdükçe, benim de işlerim azalmış, derslerim çoğalmıştı. Ara sıra bir işin ucundan tutsam da ablam, derslerimi ihmal etmemi istemiyor, bana iş yaptırtmıyordu. Bu nedenle annem eskisinden daha sık geliyordu temizliğe ve yemek yapmaya. Babamı ise on beş günde bir ancak onların evine gidince görüyordum. Onların evine! Orası onların eviydi, burası benim evim. Ben bu ailenin eseri ve bu ailenin ferdiydim. Yüreğim sevgi, sevinç, minnet ve umut doluydu.

"Doğruyu nasıl söyleyeceğim Ahmet'e?" demiştim ablama. "Göğsünü gere gere söyleyeceksin," demişti. "Sen ailenin olduğu kadar, bizim de kızımızsın. Bizim evimizde büyüdün, geliştin. Zeki ve çalışkan olduğun için, parlak notlarla liseyi bitirdin, akıllı olduğun için, birinci sınıf bir ameliyathane hemşiresi oldun. Mesleğin var, lisanın var, görgün var, güzelsin, iyi huylusun. Daha ne olacak mışsın? Ahmet'in anası babası sarayda mı doğmuşlar?"

İnanmıştım ona. Tüm yüreğimle inanmak istemiştim. Yine de bir türlü dilim varmıyordu Ahmet'e, beni arabasıyla almaya geldiğinde, balkondan bize el sallayan genç kadının ablam olmadığını söylemeye.

"Ablan çok hoş," demişti bir keresinde. "O benim ablam değil. O benim ablam değil." Bu sözler sadece yüreğimden geçiyor, dudaklarımdan dökülemiyordu bir türlü.

"Ailenle tanışmak istiyorum," dediğinde, bir yıla yakındır tüm ameliyatlarda yanında bulunmuştum. Alnından terini ben silmiş, avcuna makasları, bisturileri ben vermiştim. Son sınavına çalışırken, elimde kalın tıp kitapları, ben takip etmiştim doğrularını. Arkadaşımdı, bir tür meslektaşımdı, sevgilimdi Ahmet.

Arabanın içindeki cehennem sıcağı yerini buz gibi soğuk bir havaya bırakmıştı. Az önce yanıyorken, şimdi donuyordum. Buzullar sarkıyordu her bir yanımızdan. Hiç konuşmuyorduk. Birbirimize bakmadan öylece oturuyorduk yan yana.

"Bu araba yavaş yavaş kaysa uçurumun ucuna doğru, bayır aşağı, git gide hızlanarak inse ve denize yuvarlansa. Dört bir yanımızda köpürürken sular, mezgitler, kofanalar göz kırpsalar bana. Denizin derinliklerine doğru süzüle süzüle gitsek. Deniz kızlarının masallarda yaşadığı o diyarı bulsak. Arabanın camından süzülüp, hiçbir deniz kızının anne, çocuk, abla ya da kardeş olamayacağı bir masalda, denize sadece bir 'kız' olarak geliver-miş, balık kuyruklu, çıplak göğüslü, uzun saçlı yaratıkların arasına karışsam!" diye düşünüyordum.

Çalıştırdı arabayı Ahmet. Hiç konuşmadan yollandık Beşiktaş'a doğru. Gözlerim yola dikili, hiçbir şey görmeden bakıyordum. Evin önüne gelmiş olmalıyız ki, durdurdu arabayı. Kontağı kapatmadı her zaman yaptığı gibi. Bu kez, vedalaşmadan önce, bir gün sonrasına ait programımızı yapmayacaktık anlaşılan. Hiç konuşmadan, inmemi bekledi. İndim. İçimde küçük bir ümitle, pencereye eğilip, tık tık vurdum cama.

"Yarın seni bekleyeyim mi nöbetten sonra?"

"Bakarız."

Gitti. Gazladı gitti. Sallamak için kaldırdığım elim yanıma düştü. Ne demekti acaba bu, "Bakarız"?

Erol Bey de böyle demişti bana. Ablam, Emre'yle Londra'ya gittikten sonra, annem yüzünü kızdırıp,

"Erol Bey, Zehra n'olacak şimdi?" diye sormuştu. Sanki benim dilim yokmuş gibi, cahil anneme sorduruyordum can alıcı soruyu. Yüreğim ağzımda beklemiştim. Önce uzunca bir sessizlik, sonra tek bir söz! "Bakarız."

Ben bu adamı neden sevememiştim ablamı sevdiğim gibi? Oysa o da her zaman iyi davranmıştı bana. Tuhaf bir seziyle, geleceğe ilişkin bir korkuyu hep duydum yüreğimde. Sanki hep o güne hazırlandım, için için ürpererek. Ve o gün nihayet, on yıl sonra geldi. Hastaneye gitmeden, kahvaltı masasını toparlayıp mutfağa taşımış, ablamın odasına neskafesini götürüp, başucuna bırakmıştım.

"Dur hemen çıkma," dedi. Bembeyazdı yüzü. Elleri titriyordu hafifçe. "Zehra... Erol ve ben boşanmaya karar verdik." Bir dikenli çalı gibi, çatlak ve kuruydu sesi. Birden ne kadar zayıflamış olduğunu fark ettim. "Abla!"

"Yaz sonu, ben Emre'yi Londra'da bir yatılı okula yazdıracağım. Ben de bir süre orada kalmaya kararlıyım. Seni..."

Sözünü kestim, "Abla, neden?" Ağlamaya başladım. "İnsanlar genelde tek bir nedenle boşanır. Olağan şeylerdir bunlar."

"Onun için mi yoktu ne zamandır? Ben onu iş seyahatinde sanıyordum."

"Zehra, evi boşaltmayacağım. O burada kaldığı sürece sen de kalabilirsin. Ama sanırım daha küçük bir eve taşınmak istiyor. O zamana kadar bir şeyler ayarlarız, sakın üzülme emi. Kim bilir belki de gelin etmiş oluruz seni."

Ben hıçkırarak ağlıyordum kollarında.

"Yapma böyle, toparlan, Emre'ye anlatırken güçlü olmalıyız ikimiz de." Onun yüzü de sırılsıklamdı yaşlardan. Ama o benim gibi avaz avaz ağlamıyordu. Ablam, avaz avaz ağladığı dönemi bana hiç fark ettirmeden, ben ilk aşkımın kanatlarıyla havalardayken yaşamış olmalıydı. Bir süre sonra gözyaşları akamaz olur, insanın içi de dışı da kururmuş. İstese de ağlayamazmış artık. Ben de öğrendim, iyi biliyorum bunu.

Eve girip çıkanların dedikodularına kulak kesildim, sormasam da ne olup bittiğini öğrenmek zor değildi, evde konuşulanlardan. Ablamın annesi zaten saklamıyordu hiçbir şeyi. Bir başka kadın! Tanrım, Erol Bey delirmiş olmalıydı! Nazar değmişti mutlaka bu aileye. Çırpınıyordum bir şeyler yapabilmek için. Annemin mahallesinde kadınlar vardı kurşun döken, dualar okuyan. Annem benden de şaşkındı aslında. Durmadan, "Şimdi sana ne olacak?" diye soruyordu. Bütün annelerin dertleri, önce kendi çocuklarıydı. Her anne önce kendininkini düşünüyordu nedense. Ablamın annesinin üzüntüsünü anlıyordum da, benimkine de ne oluyordu? O sıralar benim ne olacağım o kadar önemsizdi ki. Mahallesinde öğrenip de Maçka'da uyguladığı tüm duaları, kurşun dökmeleri, ondan çok benim için yaptığının farkındaydım. Başına kalacağım diye korkuyor olmalıydı. Bencil kadın!

Erol Bey, servisteki diğer iki hemşire arkadaşım ile birlikte uygun bir eve çıktığım takdirde, gerekli peşinatı, hatta bir-iki aylık kirayı da ödeyeceğini söylemişti anneme.

"Eve dönersen, gece nöbetlerine kalamazsın. Mahalleli anlamaz gece nöbeti filan, tefe koyar çalar seni, baban da yapmadığını bırakmaz, daha ne diyeyim... anla işte," demişti annem. "Horoz kendi çöplüğünde eşinmeli derler ama, sen başka diyarların guşu oldun gızım, artık yuvaya dönemezsin."

"Anne, şu K'ları G diye söylemesene. Kaç yıldır İstanbul'dasın," demiştim. Cahil kadın, diye düşünmüştüm. Oysa hepimizden akıllıymış o. Dünyadaki kadınların en akıllısı sandığım ablamdan bile akıllıymış. Doğruyu bir tek o bilmiş; "her horoz kendi çöplüğünde eşinirmiş" gerçekten.

***

Ahmet'in beni Maçka'daki evin kapısında bırakıp çekip gittiği günden sonra, pek az görebilmiştim onu. Ertesi gün, son ameliyattan çıkarken,

"Bekleyeyim mi seni?" diye sormuştum.

"Bekleme, sen git. Bu gece işim var."

"Konuşmamız lazım. Sana anlatmam gereken şeyler var."

"Yeni yalanlar mı?"

Üstüne varmamıştım. Ablam, "Zaman en büyük ilaçtır," derdi hep. Benim kızlarla ev tutmamın haftasında, başka bir hastaneye naklini istemişti Ahmet. Arkadaşlarımla yeni eve taşınma sevincim kursağımda kalmıştı.

Çok derin ve karanlık bir kuyunun dibine doğru hızla düşüyordum. Sesleri ayrıştıramıyordum. Kulaklarımda sadece bir uğultu vardı. Son hatırlayabildiğim şey, annemin, "Hanıma haber edelim," sözüydü. Avaz avaz bağırdığımı da hatırlıyordum hayal meyal: "Sakın haa! Rahat bırakın onu. Anne beni birazcık seviyorsan, onu rahat bırak, sakın haber yollama, kendi derdi kendine yetiyor."

Annemin, "Tamam, tamam. Parçalama kendini, haber etmem," diyen sesi... ve sonrası karanlık... Derin bir kuyudaydım.

Annemin sarı güllü basma yatak örtüsünün üzerinde yatıyorum upuzun. "Bir lokmacık olsun at ağzına, oh benim gülüm," diyor annem kaşığı dudaklarımın arasına itiştirirken. "Günlerdir ağzına hiçbir şey koymadın, ayağını öpeyim bir lokmacık ye."

K'ları G değil de K gibi söylemeye zorluyor kendini.

Sonra kızlar gelip gidiyorlar gruplar halinde.

"Sen olmayınca, yerine başkasını aldık," diyor birisi, "iyileşince, kararını verirsen, bir köşeye bir yatak da senin için yerleştiriveririz."

"İlaçlarını her gün muntazam al ki bir an önce iyileş," diyor bir diğeri, ağzıma tatlı kaşığıyla bir şurup akıtırken.

"O kör olasıca..." derken annem, hemşire üniformalı kız, "Sırası değil teyze," diye lafını kesiyor annemin.

"Sensiz neşesi kaçtı servisin, çabucak toparlan da dön," diyor bir başkası.

Önceleri sık sık, sonra daha seyrek geliyorlar kızlar. Derken gelmez oluyorlar. Ben hep, pencerenin önüne çekilmiş somyadaki, sarı güllü basma örtünün üstünde yatıyorum, konuşmadan. Annemin ağzıma tıkıştırdıklarını çiğneyip, güçlükle yutuyorum. Haplar ve şuruplar içiriyor bana annem. Babam bir gölge gibi süzülüp gidiyor kendi köşesine. Konuşmuyor benimle.

"Buna da şükür," derken duyuyorum annemi. "Hiç olmazsa iki lokma yemek yemeye başladı. O burada olsa, bilirdi ne yapılacağını, çabucak iyileştirirdi onu, ama haber verdirtmiyor ki."

"Başımıza gelenler hep onun yüzünden, daha dersini almadın mı?" diyor babam. Ben, sırtım yastıklara dayalı upuzun yatıyorum. Hep yatıyorum, kuyunun dibinde. Kuyunun dibinde sarı güller...

"Kızlar sana gel dedilerdi. Yer varmış evlerinde," diyor annem. "Sen gitmeye karar verirsen, babanı razı ederim ben."

"Gitmeyeceğim"

"Ama burada kalırsan, çalışamazsın eskisi gibi."

"Çalışmak istemiyorum."

"Ne yapacaksın gayrı?"

"Sen değil miydin, kendi çöplüğümde eşinmemi söyleyen?"

"İyi de gızım, sana buralardan goca çıkmaz," diyor annem. "Sen o doktur olacak heriflen dillendin bir kere."

İyileştiğimden beri, K'lar yine G olmaya başladı annemin dilinde.

"Koca moca istemiyorum. Evde oturacağım bir süre."

"Öyle köşe yastığı gibi oturup duracan mı? Bari fabrikada iş baksın sana baban."

"Sakın ha! On yıldır başınızda değildim, hiç mi dayanamıyorsun varlığıma anne?"

"O nasıl söz gızım," diyor annem. "Seni o eve koyuverdimse, kondudan kurtulman içindi. Sıcak bir evde oturup, doğru dürüst yemek yemen içindi."

Daha başka şeyler de söylüyor ama ben duymuyorum artık. Ne dinliyorum, ne duyuyorum, ne de düşünüyorum bir süredir. Hiçbir şey yapmadan öylece oturup duruyorum gün boyu, geceliğimi bile çıkartmadan, saçlarımı taramadan. Şişmanlamaya başladım. Bir keresinde ablama bir mektup yazmıştım gayrete gelip. Yanıtlamadı. Kim bilir o da ne hallerdedir şimdi yaban ellerde.

Karşıma dikiliyor annem, ellerini önünde kavuşturmuş. Ablamın babaannesi "el pençe divan durmak" derdi buna, ne demekse. Annem yine böyle, elleri önünde, dikilmişti bir gün.

"Fatik el pençe divan durdu, bakalım ne isteyecek?" demişti, babaanne.

"Ne demek istiyor hamfendi?" diye sormuştum ablama.

"Sen aldırma, tedavülden kalktı onun dili."

Hayretle baktığımı görünce, "Yani onun Türkçesi piyasa değerini kaybetti, artık kullanılmıyor," demişti.

Annem, karşımda el pençe divan. Evet Fatik Hanım, bakalım ne isteyeceksin benden?

"Allahtan umut kesilmez, derim hep. Garip kuşun yuvasını Allah yapar, derim."

"Ne var anne? Geveleme de söyle söyleyeceğini."

"Sana gısmet çıktı gızım," diyor annem. Ağzı kulaklarında, ama gözleri pek gülmüyor nedense. "Sıdıkalar'ın Aydın'ına alalım gızı dediler."

"Aydın mı?" Aydın'ın kim olduğunu hatırlamaya çalışıyorum, sanki fark edermiş gibi.

"Kendini kitaba vermiş diyorlar. Ne olurmuş verdiyse? Kitapsızlardan daha iyi değil mi? Gül gibi işi de var marangozhanede."

Hiç ses etmediğimi görünce, biraz şaşkın bekliyor.

"Sen ilaçlarını aldın mıydı bugün?"

"Aldım."

"Ohh, afiyet bal olsun kızım, iyisin değil mi? İyisin."

"Ben evlenmeyeceğim anne."

"Evlenmeyeceğin de bu şarapçının evinde pinekleyip, dayağını yiyeceğin günü mü bekleyeceksin? Gıçını kaldırmıyorsun bütün gün nah şu döşeğin üstünden. Ne olacak bu halin? Hani hemşire olmuştun? Olmaz olaydın o başka da, boşuna mıydı onca emek. Madem çalışmıyacağın, bari evinin kadını ol. Evini barkını bil. Çoluğa çocuğa gavuş. Betine benzine renk gelsin. Ne çıkar tekkeye dadanmışsa, gocalık vazifesini yapsın, ekmeğini getirsin de ne olursa olsun. Gene ne varsa, burada, bu kondularda var bize. Ahh aptal gafam, keşke seni goyuvermeseydim el kapılarına..."

"Anne suuus!" diye bağırıyorum.

"Susuyorum, susuyorum," diyor annem, "ama sen de bi düşün hele güzel kızım."

"Kızım," derken, gayret gösteriyor, K'yı G yapmıyor. Annem, dırdırları sonuç vermeyince, ağabeyimi salıyor üstüme. Babamı en sona saklıyorlar.

"Adın çıktı Zelıra," diyor bana ağabeyim. "Ben bir kötülük yapmadığını biliyorum ama, buralarda senin gibi kızlara iyi bakmazlar. Anama söylemiştik, kızı evden ayırma diye babamla, dinletemedik. Hanım olacaksın zannetti. Al işte sana hanım!" Haseti, kızgınlığı sesinde, gözlerinde vurgulanıyor. "Şansın varmış ki bir isteyenin çıktı. Bu kısmeti tepersen..."

Ne fark eder diye düşünüyorum. Bu evde oturacağıma ot gibi, başka evde otururum. Onları onaylamak, onlarla mücadele etmekten daha kolay. Üstüme babamı da salmadan annem, olur'umu veriyorum evliliğe. Sıdıka Teyze, yanında mahalleden bazı kadınlar, elinde bir bilezikle gelmeden evimize, annem itiştire kakıştıra yıkıyor beni, odanın ortasına leğen koyup.

Vücuduma ne zamandır su ve sabun değmemiş. İlk kez canım bir şey çekiyor; basınçlı bir duşta doya doya yıkanmak!

Maşrapayı kovadan doldurup doldurup saçlarıma soğumuş suyu dökerken, "Tarasana kız saçlarını, kıtık gibi olmuşlar, sonra hiç açamayacaksın," diyor annem.

"Bu Aydın, benden daha küçük değil miydi?"

Ablamın evine gitmeden önce, mahallede ara sıra gördüğüm, boyu ancak omzuma gelen, sümüklü ve sıska bir oğlanı hayal meyal hatırlıyorum.

"Kızlar erkeklerden çabuk boy atar. Hem n'olmuş bir-iki yaş küçükse?" diyor annem.

"Hiç fark etmez, öylesine sordum işte."

"Fark etmezmiş! Sanki kocaya giden o değil." K'lar G olmadığına göre, birazdan bir şey isteyecek benden.

"Oh benim güzel kızım, şu saçlarını biraz kessek de..." Lafını ağzına tıkıyorum:

"Dilini düzeltmek için çırpınıp durma anne, artık o da fark etmez."

"Nankör!" diyor annem.

Sıdıka Teyze'nin söyleyecekleri varmış bana. Aydın, dinine imanına çok bağlıymış. Her şeyi kitaba göre istermiş. Acaba başımı bağlar mıymışım?

"Hiç fark etmez, bağlarım."

Şu uzun mantolardan giyer miymişim?

"Fark etmez, giyerim."

Ya çarşaf?

"Fark etmez, dedim ya."

İmam nikâhı kıymak isterlermiş.

Annem atılıyor: "Resmi nikâhsız kız vermem."

"Fark etmez," diyorum ben.

Annem, "Eder, eder," diyor. "Bizim efendi resmi nikâhsız kız vermez." Gelinlik giymemi de istiyor annem. Düğün olmasa bile, kızını gelinliğiyle görmek istermiş. Mürüvvetimden bir resim, bir hatıra kalsın istermiş elinde. Onlar aralarında, oturacağımız evi konuşuyorlar. Kim neleri alacak, kim ne takacak... Ben kahve fincanlarını toplayıp mutfağa gidiyorum. Teneke tepside yüzümü görüyorum yana doğru yayılmış. Benimle alay eder gibi bakıyor yüzüm bana tepsiden. Ahmet'le evlenseydim, psikoloji okuyacaktım, çünkü psikoloji tahsili kısa sürüyordu. Ablam da çok desteklemişti bu fikrimi. Tepsiyi, ama aslında, benimle alay eden aksimi yere bırakıveriyorum. Bir tangırtı kopuyor.

Annem tepemde. "Niye attın tepsiyi yere, kız?" Çok yavaş sesle soruyor bunu, sonra kulağıma eğiliyor, "İlla istemiyorsan, misafirler gidene kadar belli etme bari."

"Fark etmez," diyorum.

"Başka laf bilmez misin sen?" diyor annem.

Bana bir beyaz saten elbise giydirip, belime kırmızı kurdele bağlıyorlar. Saçlarıma mumya gibi tüller sarılı. Göğsüme doğru gümüş teller sarkıyor iki yanımdan. Boynuma bir altın takıyor Sıdıka Teyze.

"Aynaya bir kez olsun bakmayacak mısın?" diyor annem.

"Hayır."

"İstemiyorsan evlenmeseydin."

"İstiyorum."

"Sonra başımıza kakma."

"Kakmam."

"O zaman bu halin ne kızım?"

Oturma odasının kapısının arkasına, dizüstü oturtup okuyup üflüyor, kapının diğer yanında kocam olacak kişiyle birlikte oturan hocanın sorularına yanıt verdiriyorlar... İmam nikâhımı kıymış oluyorlar. Sürü sepet, taksilere doluşup, belediyeye gidiyoruz resmi nikâh için. Ben kendi ailemle, Aydın kendi ailesiyle. Her iki nikâh tamamlanmadan, el sürmem demiş olduğu için kocam, hiç karşılaşmamıştık resmi nikâha oturana dek. Resmi nikâhta da bakmıyor yüzüme. Memurun sorularını yanıtlamakla ve, "Evet," demekle yetiniyor. Ben onu nasıl sevmiyor ve istemiyorsam, kocam da bana karşı aynı duygular içinde. Aynı yolun yolcularıyız; benim gibi, derin, dipsiz ve karanlık bir kuyuda yaşıyor o da. Onu kuyusuna kim itti acaba?

Allahın sonunda bana acıdığını ve yardım etmeye karar verdiğini düşünmem için sebeplerim var. Kocam elini bile sürmüyor bana. Yanıma yaklaşmıyor, yüzüme bakmıyor. Ayrı odalarda yatıyor, karşı karşıya gelmemeye gayret ediyoruz. O sabahın erken saatlerinde, mutfak masasına hazırladığım kahvaltısını tıkınıp çıkıp gittikten sonra, büründüğüm kara çarşafı fırlatıp atıyorum evin bir köşesine. Yatağıma dönüyorum, her bir anını, ellerimi incecik bir ipek üzerinde dolaştırır gibi özenle okşayarak, severek, hasretle titreyerek düşündüğüm on yılıma geri gitmek için. Gözlerimi yumup, yeniden yaşamaya başlıyorum.

Saçları örgülü küçük kız, hızla yukarı çıkan bir kutunun içine giriyor annesinin elinden tutarak. Asansör! Gözlerim yuvalarından uğramış. Daha neler göreceğim, neler... Bunca sevinci, mutluluğu, vazolara Japon usulü çiçek yerleştirmekten, Çin yemekleri pişirmekten tutun, klasikten çağdaş resim anlayışına varan bilgileri de içeren kültür dağarcığını ve kocaman bir dünyayı, bir on seneye kim sığdırabilmiştir benden başka? Çoğu kez sırasıyla düşünüyorum, Maçka'daki o eve ilk girdiğim günden, yine Maçka'daki o evin önünde, kolum kanadım kırık kalakaldığım âna kadar geçen zamanı. Acıkmadan, susamadan, hatta bazen tuvalete bile gitmeden, sadece düşünüyorum geriye doğru. Zaman zaman da sırayı bozuyor, en sevdiğim anıları öne alıyor ya da en sona saklıyorum.

Maçka'daki evde ilk günlerim, en sevdiğim anılar... O güne dek, tanıdığım hiç kimseye benzemeyen ince, uzun, siyah saçları geriye taranmış hayal gibi bir genç kadın. Sesi şırıltılarla dökülen ılık su gibi. Kollarında bir buçuk yaşında bir oğlancık.

"Emre'nin ablası olacaksın sen. Onu çok seveceksin, ona çok iyi bakacaksın." Öyle yaptım, aynen dediği gibi. O ilk gün, salonda yalnız kaldığımda, duvarlarda asılı, bana hiçbir şey ifade etmeyen şekilsiz resimleri, raflardaki renkli camları dikkatle inceledikten, eşyalara ve kitaplara parmak uçlarımı hayranlıkla değdirdikten, pufla koltukların, kanepelerin her birine teker teker yan gelip serildikten ve beni hayrete düşüren güzelliklerle ilk temasımı tamamladıktan sonra, bir kedinin yerini benimsemesi gibi, alıştım yeni evime. Hemen o gece, incecik esmer kadını ve çocuğunu çok çok sevmeye başladım. Onları yaşadığım sürece hep içtenlikle ve coşkuyla sevdim. Onlar da beni sevdiler, Emre ve annesi. Bir keresinde, istemeden anneanneyi duymuştum, kızıyla konuşurken, "Kız çocuğuna bu kadar meraklıysan, kendin doğursana bir tane, elinkini seveceğine," diyordu.

Akşam yemeğini anasının evinde yiyip, öyle dönüyor Aydın. Bazı geceler çok geç geliyor, duymuyorum bile eve girişini. Odasındaki (orası aslında evin oturma odası) divanı hazır ediyorum yatması için. Ay başlarında konsolun üstüne bıraktığı paranın büyük bir bölümü, ay sonunda harcanmadan kalmış oluyor. Görsün diye ben de konsolun üstünde bırakıyorum, artan paraları. Evimizde ne yiyen var ne içen. Ara sıra annem ya da Sıdıka Teyze uğradığında, mutfakta kaynayan bir tencere görsünler diye, bir sebze yemeği bulunduruyorum ocağın üzerinde. Başını kaldırıp yüzüme bile bakmadığı halde, o evdeyken çarşafsız dolaşmamı istemiyor. Benden niye nefret ettiğini bilmiyorum. Zaten umrumda değil. Hiçbir şey umrumda değil. Kocamla bazen günlerce karşılaşmıyoruz. Konuşmuyoruz. Herkes kendi kuyusunda, yalnız başına sevgisiz, umutsuz ama huzurlu yaşıyor. Yok, o benden bir kerte daha iyi durumda, ölümden sonrası için beklentileri var hiç olmazsa. Benim kuyum dipsiz.

"Bir yıl oldu nerdeyse size nikâh kıyalı," diyor Sıdıka Teyze, gözlerini karnıma dikmiş. "Bir doktora mı gidersin, yoksa bir hocaya mı okutturalım seni kızım?"

"Ben iyiyim."

"Ya aranız, Aydın'la?"

"Çok iyi."

"Madem çok iyi, niye hâlâ tıs yok?"

"Anlamadım?"

"Çocuk canım, çocuk diyorum. Niye gebe kalmıyorsun sen?"

Bu sorgulamaların kim bilir kaçıncı tekrarında, beni doktora götürmeye karar vermişler annemle. Doktorun önünde rezil olmaktansa, doğruyu şimdi söyleyip kurtulmalıyım.

"Sıdıka Teyze, boşuna gitmeyelim doktora, çünkü biz Aydın'la hiç yatmadık."

Divana yığılıp kalıyor önce kadın. Sonra doğruluyor yerinden. "Ne demek o kız?"

"Elini bile sürmedi bana oğlun."

"Sen de bunu kabullendin mi?" Sesinde düşmanlık var.

"Elbette."

"Elbetteymiş. Şuna da bak. Biz senin gibi dile düşmüş, oğlumuzdan dört yaş büyük, kusurlu karıyı boşuna mı aldık bağrımıza taş basıp? Oğlumuzun eksiğini biliyorduk. Aydın'a iyi gelir, ne de olsa tecrübeli dediydik. Yoksa kız oğlan kız mı yoktu köyümüzde, gelin almak için?"

Başka şeyler de söylüyor bana. Heykel kesilmiş duruyorum ayakta. Taşları bile utançtan eritecek ağır sözleri, bir kulağımdan girip, ötekinden çıkıyor, yüreğime işlemeden. Sussa ve bir an önce gitse! Ne diye huzurumuzu bozuyor bizim? Oğlu ve ben, kendi düzenimiz içinde mutluyuz. Ben kuyumun derinliklerine kaçıyorum. Bağırıyor galiba, elleriyle dizlerini dövüyor. Ne dediğini duymuyorum artık. Öylece bakıyorum ayakta dikilmiş. Derken, karşımda buluyorum onu. Ne zaman kalktı bu kadın da, odanın ortasına yürüdü?

Birdenbire boş çuval gibi yuvarlanıveriyor yere.

"Sıdıka Teyze, düştün..."

Yanına çöküyorum. Başını kucağıma çekiyorum. Yüzü sapsarı.

"Su getireyim sana, kolonya ister misin?"

Sarsıla sarsıla ağlamaya başlıyor. Bir çocuk gibi avaz avaz bağırarak, hıçkırarak, sümüklerini çeke çeke. Emre bile böyle ağlamadı beş yaşından sonra. Doğruluyor kucağımda, başını göğsüme dayıyor. Bir süre de böyle ağlıyor, bu kez sessiz hıçkırıklarla sarsılarak.

"Neyin var teyze?"

Ellerime sarılıyor sımsıkı.

"Kızım, benim demin dediklerime aldırma sen. Ana olsan acımı anlardın." Yine bağırarak ağlıyor bir süre. Konuştuğunda, sesi kısılmış bağırmaktan. "Tek umudum sensin. Aslan gibi evladımın hayata küstüğünü görmek kolay mı? Sana da acıyorum. Ne bekledin, ne buldun. Sıskan çıktı, gözlerinin altı mosmor. Sana yirmilerinde demeye bin şahit ister. Ne yiyorsun, ne içiyorsun. Mezara girmiş gibisiniz ikiniz de. Bilmiyorum mu sanıyorsun?"

Su getirip içiriyorum. Yine ellerime sarılıyor.

"Zehra, bu cehennemden ancak sen çıkarabilirsin ikinizi de. Bir çocuğunuz olsa, sizi dünyaya bağlardı. Yeniden yaşamaya başlardınız."

"Ama bana dokunmak istemiyor Aydın."

"Onu değiştirmek senin elinde. Helalisin, nikâhlı karısısın.

Kadınlığını kullan, onu baştan çıkar. Bir tadını alırsa, değişir belki. Tek umudum sensin, kızım. Senin de hayatın değişir. Yap bunu."

"Zorla güzellik olmaz, Sıdıka Teyze."

"Dene bir kerecik. Elini ayağını öpeyim, dene. Cilvelen kocana, sevgi göster. Kandır onu. Gencecik adamdır, karşı koymaz. Bir çocuk olursa, her şey değişir."

Bir elimi bırakıp, öteki elimi öpüyor. İp gibi yaşlar düşüyor yanaklarına. Yalvarıyor, kıvranıyor, kan çanağına dönmüş gözleri, benim gözlerime yapışmış.

"Söz ver bana Zehra kızım. Söz ver. Biricik oğlumu kurtar, sen de kurtul. Neyimiz varsa senin olsun."

Gidiyor sonunda, beni içi boşalmış, bitkin bırakarak kuyumun dibinde. O sabah anılarıma bile dönemiyorum artık. Allak bullağım. Bir çocuk kurtarabilir mi beni? Bana ait bir canlı? Umudumu bağlayacağım, onun için yaşayacağım bir çocuk? Beni kuyumdan çekip çıkarabilir mi?

Çarşafımı giyinip, çarşıya çıkıyorum, sebze ve kahvaltılık almaya. Bulutların arasından, yer yer güneş sızıyor. Sanki hava öğleden sonra açacak gibi.

Kocam akşam yemeğine gelmiyor. Yemeğini, her zaman yaptığım gibi mutfağa bırakıyorum. Yatağını, seccadesini hazır ediyorum. Sabaha karşı eve süzüldüğünde, beni ayakta buluyor Aydın. Başım sımsıkı örtülü, ama bu kez çarşafımı giymedim.

"Hoş geldin."

Yanıt yok.

"Aydın, biraz konuşmak istiyorum."

"Sana kaç kere adım Aydın değil, dedim."

"Hamdullah..."

"Para istiyorsan, yarın getiririm." Benden kurtulmak için mutfağa yürüyor, peşinden gidiyorum.

"Bugün annen geldi. Niye çocuğumuz olmadığını soruyor."

"Daha istemiyoruz dersin!"

"Belki de bir çocuğumuz olsa..." İrkiliyor. Yanına yaklaşıyorum.

"Öte dur, üstüme gelme."

"Ben düşmanın değilim, karınım. Annen gidince düşündüm de, bir çocuğumuz olsa, sırf bir çocuk için, bir kerecik..."

Hayretle bakıyor yüzüme. Şaşkınlığından istifade edip, sokuluyorum. Ellerini tutuyorum sımsıkı, çekmemesinden umutlanarak, göğüslerimin üzerine koyuyorum. Bedenim onunkine dayalı. Gençtir, dayanamaz, demişti bana anası. O kadar acı çekiyordu ki kadın, bir an kendimi onunla özdeşleştirdim ve söz verdim ona, elimden geleni yapacağıma söz verdim.

"Git öteye... öteye git şeytan." İtiyor beni.

"Ne ben şeytanım, ne de sen Hamdullah'sın. Zehra ile Aydın'ız biz. Binlercemiz gibi, aileleri tarafından evlendirilmiş iki genciz. Madem boyun eğdik onlara, bari elimizden geleni..."

Ellerini zorla kurtarıyor ellerimden, durmadan dualar okuyarak geriliyor. Gözleri dehşet içinde. Yılandan kaçan yaralı bir hayvan gibi. Ne zamandır uykuya yatmış duygularım ayaklanıyor içimde... Acıma duygusu, suçluluk duygusu, görev duygusu... Hemşirelik okulunda, insanlara yardım edeceğime dair verdiğim sözler yankılanıp duruyor kafamın içinde. Bir insana dokunmayı ve sevmeyi ne kadar özlemişim. Her yanımdan fışkırıyor nicedir unuttuğum duygular. Yüreğimin uzun kışlar boyu bomboşluğuna, çoraklığına inat, sevgi yüklüyüm birdenbire. Bir mucize mi oldu? Karşımda korkudan titreyen bu zavallı, zavallı insana yardım etmek istiyorum. Sıdıka Teyze'ye verdiğim sözler için bile değil... Sırf, benden bile daha mutsuz ve daha şaşkın şu genç adamı kurtarmak için. Tanrım, başarabilir miyim? Üstüne üstüne gidiyorum. Tezgâhla benim aramda sıkışmış durumda şimdi.

"Aydın, benim kocamsın sen."

Şefkatle sarılmaya çalışıyorum boynuna. Gözlerindeki dehşet

büyüyor. Kollarımdan kurtuluyor, tezgâhın üstünde duran ekmek bıçağını kapıyor. Bıçağın metalik aydınlığı havada parlıyor, göğsüme inmeden. Keskin bir ışık... bir daha... bir daha... Hiç acı yok, acı yok... sadece kan var. Bıçak pırıl pırıl parlıyor, tıpkı çocukken Emre'ye okuduğum bir masaldaki, gümüşle işlenmiş Samanyolu gibi... O gümüşlü yolda yürüyerek kuyudan çıkıyorum. Annemin elinden tutup, hızla yukarı çıkan küçük odaya giriyorum. Asansöre... Göğe doğru yükseliyoruz, yükseliyoruz... Maçka'dayım... Evimdeyim... Örgülerim var... Uzun siyah saçlı, incecik gencecik kadın, "Bana abla de, küçük kız," diyor... Her yer ışıl ışıl, her şey pırıl pırıl... Evime geri döndüm... Parmaklarımın ucuyla biblolara, kitaplara dokunuyorum usulcacık... Tanrım, ne kadar mutluyum!

SON ZAMANLAR

"Bu ay çıkmadan yollayalım oğlanı köye," dedi Sıdıka. "Vişneler ermiş de deden çağırıyor ağaçları indirmeye, deriz."

"Önce babamla konuşup durumu anlatayım," dedi Musa.

"Bir an önce konuş. Bir umarım o kaldı, dedesine düşkündür eskiden beri," dedi Sıdıka. "Dinler onun sözünü. Ayağını öpeyim Musa efendi, tez konuş babayla. Yemekten sonra var git, ara kahveden köyü. Haber salsınlar babaya."

"Telefonda ne kadarını anlatabilirim ki? Bir mektup yazmalı en iyisi, ya da Hacıların Hıdır, bağ bozmaya gidecekmiş, o anlatsın durumları."

"Bağbozumunu beklemeyelim derim, vişneler o kadar durmaz dalda. Gitmek istemezse, sonra sebepsiz kalır, yollayamayız."

Musa tam bir şey söylemeye hazırlanırken durdu. Pencerenin önünden geçerken takkesini gördüğü oğlu bir gölge gibi süzüldü içeri. Gözleri yerde annesine hiç bakmadan, babasını boyun kırarak selamlayıp, arkaya geçti. Sıdıka, alelacele başörtüsünün yanlarda sarkan uçlarını sımsıkı bağladı çenesinin altında.

"Ellerini yıka da sofraya gel Aydın," diye seslendi.

"Ben orucum."

"Ne orucu bu? Ramazana daha iki ay var," dedi babası.

"Karşılama orucu."

"Neyi karşılıyorsun lan?"

"Ben fazladan tutuyorum sevabına."

"Kitap ne kadar tutacağını söylemiş. O bodur hoca kitaptan daha iyisini mi biliyor?"

"Sizler inançsızsınız diye, ben de öyle olamam."

"Kim demiş inançsızız? Her ramazan bu evde oruç tutulmaz mı oğlum? Denk düştü mü cumaya da giderim. Bu yaşıma kadar sadece üç kere kaçırdım bayram namazını. Ne diyorsun sen be?"

Baba oğulun yine birbirine girmesini önlemek için, araya laf sokuşturdu Sıdıka:

"Oğlum, senin sevdiğin gözlemeden yaptım. Nebahat da dolma yollamış bir tabak. Otur da ye, betin benzin soldu nicedir. Allahın her ayı oruç tutulmaz, asıl o zaman günah olur," dedi.

Oğlan yanıtlamadı anasını, çıktı odadan helaya girdi. Musluktan gelen hırıltılı sesi dinlediler bir süre karı koca. Odaya geri geldiğinde takkesi yoktu başında Aydın'ın.

"Su akmıyor," dedi telaş içinde. "Birikmiş su yok mu?"

"Yine mi aptes alacan," dedi Sıdıka. "Bu evin suyunu bilmezmişsin gibi. Aptesini o dadandığın camide alsana. Küpteki suya dokunayım deme sakın. İçme suyudur o, el ayak ıslatmak için değil." Sabrı giderek taşmaya başlıyordu.

"Allah sizi cayır cayır yakacak," dedi oğlan.

"Allah beni yaktı zaten seni o kursa yolladığım gün," dedi anası. Çenesinin altına bağladığı düğümü çözdü hırsla.

"Günaha sokma beni ana. Bağla örtünü," dedi oğlan.

"Anasının saçını görmeyle kim günaha girmiş ki? Hangi yobaz sokuyor bunları o aptal kafana?" Ayağa kalktı Musa, oğlanın üstüne yürür gibi oldu. Sıdıka hemen attı kendini aralarına.

"Oğlum, git sen içeri, ben sana aptes suyunu bulurum," dedi. Yemenisinin uçları hâlâ iki yanda sallanıyordu. Bir süredir her güne binen dalaşmalardan bıkıp usanmıştı, baba oğuldan birinin geri dönülmez bir hata yapmasından korkuyordu.

Tam bağlamaya davranırken yemeniyi, bağırdı kocası: "Çıkar o çaputu başından. Evde kaç göçü de ben yasak ettim, tamam mı?"

Yemeniyi çıkarmadı Sıdıka. Bağlamadı da.

"Bu evde benim sözüm mü geçecek, o boklu hocanın mı?"

Sıdıka çaresizlikle kıvranırken, oğlan düşmana bakar gibi baktı babasına gözlerini kısarak, kapıyı vurup çıktı.

"Boşuna bozma kafanı, efendi," dedi Sıdıka. "Çocuk iyi hallerde değil. Bilerek isteyerek yapmıyor bunları. Böyle miydi oğlumuz? Bir hoca bulup da okutuversek."

"Başımıza gelenler hocaların yüzünden geldi de, sen dersini daha almadın mı karı?" dedi Musa.

"Musa efendi, her hoca o bodura benzemez. Nefesi kuvvetli bir tane bulsak, bizim köydeki Hayrullah dede gibi..."

"Hocalık durum değil bu," dedi Musa. "Kısmet açmaya benzemez bu iş. Ben fabrikanın doktoruna danışayım, bakayım."

"Doktor netçekmiş oğluma? Sürekli dua okuyup, sallanıp durmanın ilacı mı olur?" Dudakları titriyordu Sıdıka'nın. "Lanetler olsun onu ite kaka kursa yolladığım güne," diye söylendi. "Ne bilirdim başıma geleceği, dinini imanını öğrensin istediydim."

***

Aydın o akşam yatağında dualarını tam kırk kez tekrarladıktan sonra, yorgunluktan uyuyakaldı. Sabaha karşı uyandığında ter içinde, nefes nefeseydi, sol tarafına dönmüş yatıyordu ve uykusunu bölen rüyayı hatırlayamıyordu. Bir süre gözleri odanın karanlığında hiçbir şey göremeden, kör gibi öylece yattı. Sonra birden irkildi. Sağ eli bacaklarının arasındaydı. Ateşe değmiş gibi çekti elini. Eli ıslaktı. Doğrulup oturdu yatağında. Dehşet içindeydi. Yüreği gümbürtülerle atıyordu. Elini hiçbir yere koyamıyor, öylece havada tutuyordu. Ne yapacağını bilemeden kolu havada, ölüm korkuları içinde dimdik bekledi bir süre. Ne demişti hoca, şeytan böyle gelir girerdi insanın ruhuna işte. Uykuda! Sinsice girer, bedenine sahip olurdu. Eğer, kul kendini korumayı beceremezse, şeytanın kötülükleri, bacaklarının arasından böyle akardı. Kötülükler eline de bulaşmıştı şimdi... Ne demişti hoca, yatmadan kırk kere "kuluvallahi" oku. Okumuştu. Yoksa kırkı tamamlamadan uyuya mı kalmıştı? Bir de sıkıca tembihlemişti, sakın ola ki sol yanlarına yatmamaları için. Aydın emindi sağ yanına yattığına. Hatta o kadar emindi ki, tam dalmadan, perdenin ardında, bir araba farının belirginleştirdiği ağacın gölgesini gördüğünü hatırlıyordu. Demek ki, sağ yanına dönüktü. Peki ne zaman dönmüştü sol yanına da şeytanlara teslim etmişti kendini? Şeytan haz duygusu halinde gelir demişti hoca, kadınlar da bu yüzden şeytanın yardımcılarıdır. Anan bacın bile olsalar, onlardan uzak durula. Ellerine, tenlerine değilmeye, saç telleri görülmeye...

Aydın, kurudukça sertleşen pijamasını ayağından çıkardı, helaya koştu. Yıkanacaktı. Şeytandan başka türlü kurtulmanın yolu yoktu. Musluğu açtı, yılan gibi tısladı susuz musluk. Yüzünü, kötülüklere bulaşmış eliyle kapatıp ağlamaya başladı çocuk. Şeytan bacaklarının arasında, elinde, yüzünde, her yanındaydı şimdi. Çaresizlik içinde mutfağa koştu, her yanda su aradı. Yok, yok, yok. Sonra küpü gördü. Tahta kapağının üstüne beyaz tülbent örtülüydü. Ters çevrilmiş bir maşrapa duruyordu üstünde. Anası iki-üç günde bir, çeşme başında saatlerce dikilir, sonra da testilerini ıkına sıkına evine sürüklerdi, küpü doldurmak için. Bir damlasını bile ziyan ettirmezdi içme suyunun. Maşrapayı, beyaz tülbenti, tahta kapağı fırlatıp attı yere. Küpe eğildi, yarıya inmiş suda yüzünün aksini gördü. Saçları diken diken, gözleri dehşet içindeydi. Gerçekten de şeytan oradaydı, küpten ona bakıyordu. Şeytan küpteydi, elindeydi, pijamasındaydı, kendi bedenindeydi, evindeydi, her yerdeydi. Demek ki uykusunda sol tarafına dönmüştü istemeden. Ahh, nasıl da boş bulunmuş, dikkatsiz davranmıştı?

Sıdıka ile Musa, gürültüleri duyup mutfağa koştuklarında, Aydın elini, yüzünü, apış arasını yıkamış, pijamasının altını küpün içine tıkıştırmaya çalışıyordu.

"Oğlum, yollukların nah şu torbanın içinde, poğaçaların hamurunu elimle açtım, yememezlik etme," diye tembihledi Sıdıka, naylon torbaları koltukların tepesindeki filelere yerleştirirken.

"Bak köy havası nasıl da iyi gelecek sinirlerine. Bi yol git hele sen dedene, her şey yoluna girecek göreceksin." Eğildi oğluna sarılmak için, oğlan geri çekince kendini, üstelemedi. Kırgınlığını belli etmeden indi otobüsten, Musa'nın yanına dikilip bekledi. Otobüs kalktığında, karı koca el salladılar oğullarına. Oğlan hep önüne bakıyordu, görmedi anasıyla babasının uğurlamasını. Bir zaman sonraydı, yanında oturanın sesiyle irkildi.

"İçer miydin?" Yanındaki adam sigara uzatıyordu burnuna doğru.

"Sağol, kullanmam."

"Hayret, senin yaşında olup, sigara içmeyenine de hiç rastlamamıştım," dedi adam.

"Ben içmem."

"Şimdiki gençler..."

"Ben içmem."

"İyi, iyi, içme. Ben içiyorum da ne oluyor, keçi gibi öksürüp duruyorum." Yaktı kendi sigarasını, içine çekip savurdu dumanını Aydın'a doğru..

"Adın?"

"Hamdullah."

"Allahallah! Seni uğurlayan annendi değil mi, başka bir ad söylediydi sanki."

"Adım Hamdullah."

Hocası, İslam adları taşımayan gençlere münasip isimler takmıştı. Aydın, komşusunun laflarına cevap vermekten kurtulmak için, gözlerini kapatıp uyur gibi yaptı ve dualarını okumaya başladı içinden. Yanında oturan adam bir süre şaşkın baktı dudakları kıpır kıpır ama kendi bir ölü gibi kıpırtısız duran delikanlıya, sonra, sol yanına düşen yaşlı adamla sohbet etmek üzere hafifçe sırtını çevirdi Aydın'a. Aralık gözkapaklarının altından komşusunu izleyen Aydın derin bir nefes aldı. Tehlikeyi atlatmıştı şimdilik. Ne demişti hocası, şeytan her kılığa bürünebilirdi kanına girmek için. İlla da bir kadın olması şart değildi şeytanın. Hep tetikte, hep tedbirli olmalıydı. Duayı eksik etmemeliydi dudaklarından.

Dedesi çok büyümüş buldu torununu. Uzamış, koca bir adam olmuştu görmeyeli. Sakalları çıkmaya başlamıştı, seyrek bir bıyık kaplamıştı dudaklarının üstünü. Torunu dedesinin elini öpmüş, saygıda kusur etmemişti hiç. Otobüsten inince köye kadar bir at arabasına binmişler, yolun başında da arabadan inip yürümeye başlamışlardı birlikte. Çok az konuşuyordu çocuk. Dedenin sorularına kısa kısa yanıtlar veriyordu. Eskiden böyle durgun değildi bu oğlan, herhalde büyüyor, huyu değişiyor, diye düşündü. Cıva gibi bir çocuktu torunu. Ona Aydın adını, askerdeki komutanı Aydınlı olup, memleketini pek övdüğü için, kendi takmıştı.

***

Oğluyla gelini büyük şehre göç ettiklerinde, beş yaşındaydı çocuk. "Bütün kış otur, dalların meyvelenmesini, üzümlerin olmasını bekle, hemencecik sat savur, hadi yine beklemeye geç, kış boyu. Üç-beş ağaçla üç-beş asma kaç kişiyi besleyecek baba, giderek çoğalıyoruz," demişti oğlu. Asırlardır süren düzene başkaldırmış, ailesini yanına alıp, büyük şehre göçmüş, bir fabrikada bekçiliğe başlamıştı, tıpkı damadı gibi. Torunlarını her yaz, yanına meyve toplamaya, bağ bozmaya yollarlardı ama iki yıl var ki, gelmemişti Aydın, okulu var, ikmale kaldı, imtihan verecek gibi bahanelerle. Derken hayırsever insanların, başıboş gençleri kurslara topladıklarını, Aydın'ın da bunlardan birine yazıldığını, kursta Kuran öğrendiğini duymuş, sevinmişti. Ama oğlundan son gelen mektup tasa doluydu. Çocuğun neredeyse cinlere karıştığını yazıyor, babasından Aydın'a nasihat etmesini rica ediyordu. Haylazlıklara karşı çok nasihat vermişti ihtiyar ama, böylesi ilk kez geliyordu başına. Ne yapacağını bilemez durumdaydı.

Dede oğul güneşin altında konuşmadan yürüdüler. Köyün damları göründüğünde, yan gözle torununa baktı dede. Eskiden köy göründüğünde sergilediği sevinç tezahürlerinden hiçbiri yoktu oğlanda. Kös kös yürüyordu, başı yerde.

Çocukluktan çıkmış gayri bu, diye düşündü ihtiyar.

Köyün girişinde tanıdıklar toplanmıştı. Nincsi, "Gurban olduğum Aydın'ım," diye sımsıkı sarıldığında, kollarını iki yanında cansız sopalar gibi sarkıtıp, olanları görmemek için sımsıkı gözlerini yumdu çocuk. Daha beterine de hazırlıklı olmalıydı. Sırada halalar, yengeler ve kız yeğenler vardı. Onlar da en azından gelip el sıkmak isteyeceklerdi. Şeytanlarla çevrelenecekti etrafı. Şehirde olduğu gibi, burada da kurtuluşu yoktu. Bin pişman olmaya başlamıştı geldiğine.

***

Kızlar neşeli basmalardan dikilmiş şalvarlarının üstüne etekler geçirmişler, başlarına oyalı yemeniler takmışlardı. Kimi kendinden az küçük, kimi az büyüktü. Ama hepsi de ona, erkek olduğundan dolayı saygılarından "Aydın abi" diyorlardı. Kumral perçemleri, yemenilerinin altından alınlarına dökülüyor, uzun örgüleri sırtlarında sallanıyordu. Pırıltılı ışıklar çakıyordu bal rengi gözlerinde. Aydın hiçbirinin suratına bakmıyor, hiçbiriyle konuşmuyor, kendini uzak tutuyordu kadınlardan, kızlardan.

Dayısı, "Ne o yeğen, şeher kızlarına alıştın da bizim köylü kancıklara yüz vermez mi oldun?" deyivermişti şaka yollu. Allahtan dede susturmuştu onu,

"Oğlan yol yorgunu. Hele bir nefeslesin, dinlensin, kendine gelsin," demişti. "Varmayın üstüne."

Köyde ilk gününü hısım akrabayı, konu komşuyu selamlayıp el öpmekle geçirdi Aydın. Ne çok lafı vardı herkesin; durmaksızın sorular soruyor, büyük şehri anlattırıyorlardı. Dedesi öğleden sonra köy kahvesine götürdü onu. Tavlaya oturması için ısrar ettiler. Zaten az konuşan çocuk büsbütün sindi. Ama hiç olmazsa orada sadece erkekler vardı. Kızların bıcır bıcır ayak altında dolaştığı evlerde olmaktan daha iyiydi, kahvede olmak. Ertesi gün, sabah namazını kılmaya kalktığında, dedesini iç avluda oturur buldu.

"Havada bulut toplanmaya başladı," dedi ihtiyar. "Öğleden sonra yağmur indirebilir. Bu sabah çoluk çocuğu haberleyelim de vişneleri toplayalım dallardan. Refik'e kadar git de söyle, kamyonu alıp gelsin. Kızları da getirsin."

"Kızlar gelmesin, biz hepsini toplarız."

"Ben artık yaşlandım, ağaca çıkamıyorum."

"Ben toplarım, dede."

"Yetişemezsin evlat."

"Yetişirim."

"Olmaz. Töredir bu, herkes kendi ağacını toplar. Bugüne

kadar hep böyle oldu. Her doğan kızıma, kızanıma ve sonra da torunlarıma ağaç verdim ben. Sen babanınkini ve kendi ağacını toplayacaksın, onlar kendi ağaçlarını."

Sabah çorbalarını içtikten sonra torunlar, tosunlar ve dede kamyona doluşup, bahçelerin bulunduğu yere doğru yola koyuldular. Aydın kamyonun kasasında diğer gençlerle oturmadı, dedesiyle amcasının yanına sıkıştı önde. Kasada kızlar vardı. Kızlar şeytanın yardımcılarıydılar, insanın kanına girer, günaha sokarlardı. Onlardan uzak durdu.

Vişne ağaçları, koyu yeşil yapraklarının arasından sallanan dolgun ve parlak meyveleriyle sıra sıra dizilmişlerdi bahçede. Oğlanlar çevik hareketlerle tırmanıverirken ağaçlara, kızlar dallara dayadıkları ilkel merdivenlere çıkarak topluyorlardı vişneleri. Meyveleri eteklerinde biriktiyor, hırpalamadan sepetlere boşaltıyorlardı. Bir ağızdan da türkü söylüyorlardı sık sık. Aydın kendini bu parlak, neşeli, enerjinin genç bedenlerden köpüklü su gibi fışkırdığı doğal ortamdan kurtarıp, kendi iç dünyasına dönmek istiyor, loş, havasız ve rutubet kokan odaların hafif baş dönmeleriyle varılan gizemini anımsayarak, çevresindeki yaşamdan kaçmak için çaba harcıyor, beceremiyordu. Ağaçlardan, topraktan, genç kızlarla genç oğlanlardan, türkülerden, her yandan, her şeyden hayat fışkırıyordu. Bir yıl öncesine kadar, dünyada en çok sevdiği ortam, şimdi ona dayanılması zor bir suçluluk duygusu veriyordu.

"Şu sepeti al da Kezban'ın ağacının altına götür... Hadi oğlum durma, kızın kucağı hepten dolmuş, yerlere düşüp zedelenmesin mahsul... Haydi koş!"

Dedesine karşı gelecek gücü bulamayınca, Aydın sepeti isteksizce sürüdü Kezban'a doğru. Merdivenin üstündeki kıza baktı. Kızın yukarı sıvanmış şalvarıyla soket çorabının arasında açıkta kalan süt beyazı bacağını gördü. Şakakları zonklamaya başladı.

"Gel hele Aydın abi, yaklaştır sepeti... daha yakın gel," dedi kız. Kucağındakileri boşaltmak için, eğildi sepete doğru. Kızın terli gövdesinden çıkan kokuyu genzine çekti Aydın, istemeden. Yemenisi saçlarından sıyrılıp arkaya kaymış, kumral saçları alnına dökülmüştü. Yüksek voltta bir elektrik akımının etkisinde kalmış gibi irkildi çocuk. Kıza doğru uzattığı sepet elinden düştü, vişneler yerlere saçıldı.

"Ah beceriksiz, gayrı sen hepten şeherli olmuşsun."

Kız gülerek atladı yere. Aydın'ın yanına çömelip vişneleri toplamaya başladı. Kafaları birbirine değecek kadar yakındı. Kezban'ın nefesinin sıcaklığını yüzünde duyuyordu oğlan. Hem oradan hemen kaçıp gitmek, hem de ölene kadar orada kalmak istiyordu. Bu sıcak nefesin, buharı tüten genç gövdesiyle kendini hükmü altına almış şeytanın kölesi olmak. Kızın yerden vişneleri çabuk çabuk toplayan ellerine baktı. Elleri, demin şalvarının altından gözüken ayak bilekleri gibi bembeyaz değildi. O beyazlığı düşününce, içine yine bir an öncesinin yüreğini ezen hazzı yayıldı.

Tüm benliği bacaklarının arasında bir yerlere doğru akıyordu. Yüreği yer değiştirmiş, göğsünden kasıklarına kaymış, orada atıyordu.

Dudaklarının üstünde, alnında ter damlacıkları birikmişti. Yanakları alev alevdi. Şeytan onu esir alıyordu. O ise hiç direnmeden teslim olmaktaydı şeytana. Bu, yere çömelmiş, burnunun dibinde soluyan dişi şeytana. Cennet görüntüsünde bir cehennemdeydi demek, şu anda. Şeytanların egemen olduğu bir başka dünyadaydı.

"Çabuk ol Aydın abi, dedem görmeden toplayalım hepsini yerden." Kızın sesiyle vişne bahçesine geri döndü çocuk. Doğruldu.

"Kendin topla." Ondaki değişikliği fark etmesin diye hemen arkasını dönüp, kızın, üzerine dikilmiş şaşkın bakışları altında koşarak uzaklaştı. Nefes alışları düzelip kendine gelince, dedesinin yanına gitti.

Dede bir ağaca sırtını dayamış sigara tüttürüyordu.

"Tamam mı senin ağaçlar?" diye sordu.

"Tamam dede."

"Çabuk toplamışsın, aferin. Şimdi git de kızların sepetlerini taşımaya yardım et."

"Dede... Bir şey diyeceğim..."

"De bakalım."

"Bu kızlar... böyle... her yerleri açık saçık..."

"Nereleri açıkmış oğul?" Dede doğruldu, dallara çıkmış kızlara baktı.

"Başları."

"Yemenileri var ya."

"Yemeni yetmez. Çarşafa girmeleri lazım."

"Köy yerinde çarşaf olmaz oğlum. Kızlar tarlada, bahçede çalışıyorlar. Çapa çapalayan karıyı çarşafa sokamazsın."

"Peygamberimiz öyle buyurmuş."

"Peygamberimiz o buyruğu Arap karıları için buyurmuştur. Oralarda meyve bahçesi ve tarla yokmuş. Karı kısmı çalışmak yerine yan gelip yatarmış, ha babam hurma tıkınır, işsizlikten türlü yaramazlık düşünürmüş. Bizim karıların işten başı kalkmaz ki yaramazlık düşünsünler." Keh keh güldü dede.

"Dede, bu kızlar örtünmeyerek günaha giriyorlar."

Gözlerini kısıp torununa baktı ihtiyar.

"Beni de günaha sokuyorlar."

"Bak evlat," dedi ihtiyar. "Şu bahçede vişne toplayan kızların hepsi senin bacılarındır. Dayı kızların, emmi kızların. Onlarla birlikte büyüdün sen, beşikleriniz yan yana kuruldu avlularda. Gönlünü ferah tutamıyorsan onlara karşı, hepsini kara çarşafa soksam da sen yine günaha girersin. Günah onların saçlarında değil, senin yüreğindedir." Kiraz ağacından yapılmış bastonuna dayanarak, zorlukla kalktı yerinden, kendine destek vermek isteyen torununu eliyle durdurdu. "Sen sevabı da günahı da yüreğinde ara."

Ağır aksak adımlarla uzaklaştı Aydın'dan. Bahçenin kapısında bekleyen kamyonun yanına gitti. Oğluna göndereceği mektuba neler yazacağını biliyordu artık.

"Kamışına su yürümüş oğlanın, aklını bu işle bozmuş, ne yapacağını bilemez olmuş. Bir an evvel münasip birini bulup everin, hem o rahatlasın, hem siz," diye yazacaktı oğluna.

Sıdıka, dört döndü mahallelerinde. Evlilik çağı gelmiş kızlardan hiçbiri, bir süreden beri kafasında takke, üstünde bol pantolonuyla, donuna doldurmuş gibi dolaşan oğluna varmak istemiyordu. İyi kötü kafalarına taktıkları birileri vardı kızların, ama zengin, ama yoksul...

"Bu kondularda Aydın'a kız bulamazsın Sıdıkanım teyze," dedi komşusu. "Burası işçi muhiti. Kızlar fabrikalarda çalışıyorlar, oralarda buluyorlar kocalarını. Sen bu oğlana kızı başka mahallelerde bulacaksın. Buraların kızları varmazlar ona."

"Dindar olmak kabahat mi yani?" diye sordu Sıdıka. "Gül gibi işi de var, marangozun yanında iyi para kazanmaya başladı."

"Dindar olmak kabahat değil ama, kim girer bu devirde tesettüre. Başımızı örtüyoruz işte. Seninki başörtüsüyle yetinse..."

"Dedesi diyor ki, evlenirse geçer bu siniri diyor."

"Geçer inşallah," dedi komşusu. "Kime ne olacağı belli olmuyor ki. Bak Fatik'in kızına, kız iyi yere kapılandı okudu etti, hemşire olup bir de doktor koca buldu derken, adam almamış kızı. Kös kös döndü kondusuna Zehra, evlere kapanmış, hiçbir yere çıkmıyormuş. Hastaneye bile gitmez olmuş, hemşirelik etmeye. Oysa ne para geçiyordu eline gece nöbetlerinde bir bilsen."

"Sıçan çıktığı deliği bilmeli," dedi Sıdıka. "Ne demişler, her horoz kendi çöplüğünde."

Mahalleden hiç kimse kız vermedi Aydın'a. Kızların onu istememesi Aydın'ın umrunda değildi. Yılmaksızın, babası, annesi ya da bir başka akrabası sürekli erken evlenmenin faydalarını anlatıp duruyorlar ve nikâhın kerametinden söz ediyorlardı ama, bu laflara da kulak astığı yoktu. O kendini iyice kaptırmıştı bodur hocanın öğretilerine. Her akşam, ayin yapılan bir evde sağa sola sallanıp duruyor, ağzından tükürükler saçarak, "Ya Allah," diye bağırıyor, tanımadığı birilerine sövüyor ve kadınlardan uzak duruyordu.

Annesiyle babasının evlenme konusundaki baskıları tahammül edilmez noktalara geldiğinde, bu evden kurtulursa, daha rahat edeceğini düşünmeye başladı. Babası zaten gittiği tekkeye, hocasına, nafile oruçlarına, devamlı çektiği tespihine, kılığına kıyafetine karşıydı. Anasının tam tesettüre girmesine bile o kâfir babası mani oluyordu. Sözünden çıkmayacak bir kadınla, tek başına, kendine ait bir evde, ibadetini istediği gibi sürdürür, istediği gibi davranırdı. İki odalı bir evcik tutacak kadar para kazanıyordu nasılsa.

Mahalleli kadınlar, geçici bir bunalımda olduğuna inandıkları Aydın ile gönlü kırılmış, hayata küsmüş Zehra'nın birbirlerine son derece uygun düşeceklerine karar verdiklerinde, Sıdıka işe oldubitti gözüyle bakmaya başladı. Gerçi Aydın ortaokulu bitirememişti ama, Hasan Usta'nın yanında marangozluğun püf noktalarını öğrenmekte, iyi para kazanmaktaydı.

Zehra ise, on üç yaşında evlerine hizmetçiliğe girdiği aile tarafından okutulmuş, liseyi ve hemşire okulunu bitirmiş, kendi muhitlerine göre çok modern, çok varlıklı bir ortamda yetişmişti. Zehra'yı, bir yıldan beri arkadaşlık ettiği genç doktor adayı almamıştı. Oysa anası Fatik, ne cakalar satmıştı mahallede, kızı doktora varacak diye. Fatik haspasının da ayakları yere basmıştı sonunda, Tanrı kızına, doktor yerine, komşusu Sıdıka'nın oğlunu nasip etmişti. Sıdıka, oğluna cinler musallat olmamış olsa, elbette Zehra'nın yerine, koklanmamış bir taze gül arar ve bulurdu. Musa, karısından daha iyimserdi gelin adayı konusunda, içine bu kadar kapanmış birini, tecrübeli, dünya görmüş, üstelik de hemşirelik yapmış bir kız daha iyi idare eder, bunalımdan çıkmasına yardımcı olur diye düşünüyordu.

"Sendeki mal kusursuz olsa, neyse... Ama bizim oğlan çatlak. Bu durumda haddini bileceksin!" demişti karısına.

Sonunda burnunu kırıp, oğluna, Fatik'in dillenmiş kızını istemeye gitmişti Sıdıka.

Aydın, yeni adına ve yeni kimliğine kavuştuktan sonra, bir şeyin ayrımına iyice varmıştı; itiraz etmez görünmek ama bildiğini okumak. Ona almak istedikleri, daha doğrusu onu kabul eden yegâne kızın geçmişinin karanlık olduğunu biliyordu. Bir günahkârın, onun sayesinde tövbe edip kapanması ve bundan böyle, kendi iradesi altında, saf bir yaşam sürmesi, sevap hanesine bir artı puan ekleyebilirdi. Öyle demişti hoca.

Heyecanlıydı, kendine ait bir evi oluyordu. Her ay kirasını, bu genç yaşında, kendi kazancı ile ödeyeceği, iki oda, bir mutfak evi... Orada tek başına olacaktı. Yanında yaşayacak günahkâr kadını insandan bile saymıyordu. Onu görmeyecekti, duymayacaktı. Oturma odasına koydurduğu divanda yatıp kalkacak, kimseye hesap vermeden girip çıkacak, kadın da evin gündelik işlerini görecekti. Öğle yemeklerini marangozhanede geçiştirir, akşamları ara sıra anasına uğrardı. Geceleriyse zaten tekkede geçiyordu çoğu kez.

Nitekim, aynen düşündüğü gibi oldu kendi evindeki hayat. Eve döndüğünde, kadın asla ortalıkta dolaşmıyordu. Ama her akşam, mutfağa bir kap yemeğini koymuş, yatağını ve namaz seccadesini hazır etmiş oluyordu. Aydın sadece kadının eve sinmiş, bahar havası gibi limonlu kolonya kokusundan tedirgin oluyordu, o kadar. Yemeğini yer yemez, tekkeye gittiği için, çok da mühim değildi evdeki kadınsı koku.

Tekke dediği, yeşil taban halılı odanın, tarifi imkânsız bir gizi, çekiciliği vardı. Onlarca genç adam, dirsekleri, dizleri birbirlerine değerek, yan yana oturup sallanmaya başladıklarında, insan nefesinin ağırlaştırdığı mekânda, tarifini hiç yapamayacağı, kesif bir buğu oluşuyordu. Kırk-elli kişinin bastırılmış cinselliklerinden sızan elektrik, birbirine değen dizlerden ve dirseklerden, ince bir mavi akım gibi geçerek, başlarında takkeleriyle hu çeken erkekleri birbirine bağlıyordu. Bu bağ, görünmez olmakla birlikte, bir sümüklüböceğin yerde bıraktığı parlak iz ya da bir örümceğin ördüğü ağ gibi, şeffaf ama belirgindi. Belli belirsiz, hayal meyal ama belirgin. Aydın o şeffaf dokuya adeta dokunuyordu zaman zaman parmaklarının ucuyla. Dokunduğunu sandığı zamanlarda, yüreğine bir baygınlık çöküyordu. Bu baygınlık, köyde Kezban'ın beyaz ayak bileklerini gördüğü, nefesini yüzünde duyduğu anlardaki gibi, kasıklarında oluşan patlamayı anımsatsa da, başka bir duyguydu. Bir öne bir arkaya, bir öne bir arkaya, bellerinden bükülerek, hu hu hu hu diye inlediklerinde, kalın kaşlarından, cılız ya da gür sakallarından, badem bıyıklardan süzülen ter zerreleriyle boşalarak, odaya ağır bir tül gibi sinen, erkekçe bir dayanışmanın uç noktasını oluşturan, emniyet hissi veren, dost bir duyguydu. Dişi şeytanın asla giremeyeceği, salt erkeklere ait bu mekânda Aydın, diz, dirsek ya da parmak ucu değişleriyle ya da yüzüne sıçrayan ter damlalarıyla, genizden kopup gelen, kalın ağdalı hu sesleriyle, duyarlılığının zirvesine çıkıyor, başı dönüyor, sarhoş oluyordu. Hele o davudi sesli hocaların vaazları... Ne dediklerini tam olarak anlamasa bile, genizden gelen o erkek seslerini duymaktan tuhaf bir haz alıyordu. Haz duygusu, gecenin sonuna doğru, giderek suçluluk duygusuna dönüşüyordu. Suçluluk duymasının nedenini bilmiyordu Aydın. Ama sanki, doğru şeyler yapmadığını, Allahına karşı bazı hataları olduğunu sezinliyordu. Evine döndüğünde hemen aptes alıp saatlerce tespih çekmesi ve bazen de sabaha dek dua etmeleri bundandı. Henüz işlemediğini bildiği, ama yüreğinde filizlenmeye başladığını sandığı gizli bir günahı affettirmek içindi. Bir müptela gibi, haftanın bir akşamını ikiye, sonra üçe, dörde çıkarmıştı ve artık oranın kokusunu, havasızlığını, hu'ların ritmini ve tam anlayamadığı konuşmaların gizemini yaşamadan edemiyordu.

Akşam, şeyhinin elini öptüğünde (artık bir de şeyhi vardı), adam Aydın'ı kendine doğru çekmiş, yanaklarını ve alnını öperek karşılık vermişti. Gözüne giren müritlerine lütfettiği bir mükâfattı bu yakın ilgi. O ince mavi akım, o nereden kaynaklandığını bilmediği elektrik, saniyenin onda biri kadar kısa bir an içinde, tüm bedenini tepeden tırnağa dolaşmıştı. Huzursuzdu Aydın. Diğerleriyle birlikte dizlerinin üzerinde, onlarla omuz omuza otururken, aklını veremiyordu söylenenlere. Ayinin sonunda, terlerinin kurumasını beklerlerken göz göze gelmişti hocayla. Hafif patlak, biraz baygın bakan mavi gözler... Ama nedense Aydın, bu gözleri kapkara bakışlar olarak algılamıştı, içi ürpermişti. Bir an, bu kapkara bakışlar Aydın'ın üzerinde dolaşmış, sonra hoca kısık bir sesle, "Sen biraz beri kal Hamdullah, sana diyeceklerim var," demişti.

Şeyhin, Aydın'a uzattığı çay bardağını tutan eli hafifçe titriyordu, "Al şunu mutfağa götür, koçum."

Aydın bardağı alırken hocanın elinin kendi eline değdiğinin farkındaydı. Mutfağa doğru yürürken, kapkara bakışlarının kendi üstünde olduğunun da farkındaydı. "Koçum! Koçum!.." Kulakları uğulduyordu. Tenine ateşten bir gömlek giymişti sanki, omuzları, sırtı, göğsü, yanıyordu. Acem bardağını musluğun içine bırakıp arkasını döndüğünde, şeyhiyle burun buruna geldi. O kadar yakındılar ki, şeyhin patlak gözleri tek bir büyük göz gibi göründü Aydın'a.

Evine doğru yürürken, kendi odasındaki ışığın yandığını, köşeyi döner dönmez daha yolun başındayken gördü. İlk aklına gelen ölümdü. Ninesi öldüğünde, teyzeleri ve annesi, ninenin yattığı odadaki ışıkları söndürtmemişlerdi sabaha kadar. Hızlandı. Anahtarı deliğe sokarken, açılıverdi kapı. Kadın karşısındaydı. Çarşafsızdı. Sadece başını bağlamıştı sıkıca.

"Konuşmalıyız Aydın," dedi.

"Benim adım Hamdullah." Bir an önce gidip yıkanmak istiyordu. Su şırıl şırıl akmalıydı her tarafından. Kadın bir şeyler anlatıp duruyordu. Tuvalete gitmesine mani oluyordu. Ters yöne dönüp, mutfağa yürüdü. Kaybedecek zamanı yoktu, yıkanması, arlanması, paklanması gerekiyordu. Kadın, bir hamle yapıp, yine önüne geçti. İtti kadını, mutfağa girdi... Peşindeydi kadın. Şeytan peşindeydi. Tanrı sınıyordu onu. Şeytanı karşısına değişik şekillerde, kimliklerde yolluyor, resmen sınıyordu. Demek bu gece, onun hesap gecesiydi!

Kadın ellerini sımsıkı tutmuş, memelerinin üstüne bastırıyor, gövdesini onunkine sürtüştürüyordu. Genç bedeni direniyordu şeytana. Ellerini kurtarmayı başarıyor ama bu kez, dizleri çözülüyordu. Ateş göğsünden beline, belinden karnına, karnından kasıklarına iniyordu. Şeytanın kolları boynuna dolanıyordu şimdi. Pembe tatlı dilli şeytan, ince sivri dilli şeytan... Tanrı onu gözlüyordu. Evin perdeleri her zaman sımsıkı kapalıydı ama Tanrı her yerdeydi. Her şeyi görürdü... Şeytana teslim oluşunu da görürdü.

Tezgâhın üstündeki ekmek bıçağını kaptı. Bıçağın çeliği pırıl pırıldı, peygamber kılıcı gibiydi. Genç bedenindeki güçlü akım bir anda elindeki çeliğe geçti. Havaya kaldırıp sapladı bıçağı şeytana... Bir daha... bir daha... bir daha sapladı.

Gece güne kavuşuyordu. Tan ağarmaya başlamıştı dışarda. Yerde, kan gölünün içinde, yüzünde mutlu bir gülümsemeyle yatan kadının üstünden atladı, sokak kapısını açtı ve alacakaranlığın serinliğinde, sesinin tüm gücüyle haykırdı Tanrısına:

"Yendim onu! Yendim! Yendim! Sonunda, şeytanı yendim!"

MASTEKTOMİ

Gökten kocamaaan bir meme inmekte evimin üstüne. Memenin giderek yaklaşmakta olduğunu penceremden görüp, geceliğimle bahçeye fırlıyorum. Ama bahçede de kurtuluşum yok. Büyük bir şemsiye gibi açılan meme, evimi olduğu gibi, bahçeyi de, sokakları da, mahallemizi de kapsıyor. Hatta bütün ülkenin, belki de dünyanın üzerine kapandı kapanacak. Kaçış yok, kurtuluş yok!

Yıllar önce seyrettiğim bir oyunu, *Ayak Bacak Fabrikası*'nı anımsıyorum. Amerika'dan gelecek yardımı bekleyen ayak-bacaksız köylülerin üzerine, gökten inmekte olan kocaman paraşütten, bekledikleri takma ayak-bacakların yerine, çeşit çeşit konserveler, süttozları, süs eşyaları yağmıştı.

Aynı mizansen içinde, benim bahçeme de irili ufaklı, sivri, yuvarlak, armudi, pembe ve koyu renkli uçlarıyla, çeşitli memeler yağmaya başlıyor gökten. Gökse; bildiğimiz mavi gök değil, bej rengi bir meme-gök. Memelerden kurtulmak için bir o yana bir bu yana kaçışıyorum. Sağanak yağmur gibi, bardaktan boşanırcasına iniyorlar memeler. Ayak bileklerimi aşıyor, diz boyu oluyor, belime, göğüs hizama ulaşıyorlar. Memeler arasında boğulacağım. Avaz avaz bağırıyorum. "Kurtarın beniiii! Kurtarın beniiii!"

"Uyanın... Uyanın... Kâbus görüyorsunuz..." Beyazlı kadın koluma bir iğne batırdı. "Sakin olun canım. Korkacak hiçbir şey yok. Elbette kurtulacaksınız, elbette." Saçlarımı okşuyor, küçük bir havlu ile terimi siliyordu. Yastıklarımı düzeltip, battaniyemin uçlarını yatağın kenarlarına tıkıştırdı.

"Bir sakinleştirici yaptım. Şimdi mışıl mışıl uyursunuz."

Uyurum. Sabaha uyandığımda, bir iğne daha yer, yine uyurum. Sonra beni hazırlık odasına götürür, hazırlarsınız. Kesilecek koyun gibi, boynum bükük olur elinizde, doktorlar. Üstümde, yanları açık, bağcıklarla bağlanmış beyaz kalın bezden bir gömlekle, artık kendime değil, size aitimdir. Ne isterseniz yaparsınız bana. Orama burama elektrotlar bağlar, damarlarıma serumlar takarsınız. Sonra da sersemlemiş kurbanınızı esas odaya götürür, ameliyat masasına zincirlersiniz. Bedenim sizlere koşulsuz teslim! Yüreğim hâlâ bana ait, ne de olsa benim göğüs kafesimde çarpıyor. Ruhum, iki gün önce öldü.

Daracık muayene yatağında, sırtüstü yatıyordum. Beyaz çarşaf belimden aşağısını örtüyordu sadece. Üst kısmım çıplaktı. Göğüslerim ne zamandır yanlara yayılıveriyordu sırtüstü yattığımda. İçimden, "Sen beni gençken görecektin," diyordum doktora, yanlara kayan göğüslerimden utanarak. Doktor, yeni yıkadığı buz gibi elleriyle, hamur yoğurur gibi mıncıklayıp duruyordu memelerimi. Önce solu, sonra sağı, sonra yine solu.

"Bir sonografi istiyorum," dedi sonunda.

Çarşafı boğazıma kadar çekip dikildim.

"Neden?"

"İyi olur. Elle muayene kesin değildir hiçbir zaman."

Başka bir odada başka bir dar yatağa uzandım. Yine belimden aşağısında beyaz bir çarşaf, ama bu kez soğuk ellerin yerine, vıcık bir kreme batırılmış başka bir soğuk nesne dolaşıp duruyordu memelerimin üstünde. Zaman zaman gıdıklanıp, kıkırdarken, karşıdaki televizyon ekranında, mememin içini izliyordum. Hiçbir şeye benzemiyordu, erkekleri baştan çıkaran, üstüne bunca gürültü koparılan şu "meme" denen efsanevi uzvun içi.

Sonografiyi çeken adam, sol mememin içinde bir yerlere artı işaretleri koyunca, bacaklarımda takır takır bir titreme başladı. Çarşaf kayıp yere düştü.

"Neden oraya işaret koydunuz?" diye sordum. Erkek sesi gibi çıktı sesim.

"Bir-iki süt bezesi tespit ettim galiba. Giyinebilirsiniz."

Giyindim. Bir önceki doktorun karşısındaydım yine. Adam elindeki resimleri evirip çeviriyordu.

"Bir de mamografi rica edeceğim."

"O da neyin nesi?"

Anlatıyordu ama ben pek duymuyordum. Arada bir, bir-iki kelime takılıyordu aklıma, fibron, ganglion gibi.

Başka bir odadaydım şimdi. Bu kez yatmıyordum ince uzun bir yatakta. Ayakta duruyordum. Belimden aşağısına kocaman lastik bir önlük sarılmıştı. Sol kolumu kaldırıp, antipatik bir aletin tablasına göğsümü yerleştirmek için, bale yapar gibi uzanıyordum parmaklarımın ucunda. Ne kadar da zarif bir hareketle uzanabiliyordum böyle. Hemşirenin dikkatini hiç mi hiç çekmedi zarafetim. O, bir başka tablayı indirmekle meşguldü mememin üstüne.

"Ayyy, ay ay ay!" diye bağırdım cırtlak cırtlak. Memem iki tablanın arasında ezilip, dosya kâğıdı gibi oldu.

"Tamam, tamam, bitti işte," dedi hemşire. Gevşetti tablayı. Eski haline dönüşemeyecek sandığım mememi kurtardım antipatik aletten. Ömür boyu, büyük olduklarından dolayı bana aşağılık duygusu veren göğüslerimin dosya kâğıdı gibi kalmayıp, "beğenmediğim" eski biçimlerine dönüşmelerine şükrettiğim için, Allah tarafından bana verilen bir ders mi acaba bu, diye düşündüm.

Bana, çok daha büyük bir ders, bir ceza hazırlamış meğer Tanrı!

Bir başka küçücük odada, elinde enjektörle üstüme üstüme geliyordu bir başka hemşire, yılan gibi bir lastik boruyu koluma dolayıp, sımsıkı sıkıyordu damarımı bulmak için.

"Bir kurtulayım buradan," diyordum, "kendimi sokakta bulayım hele, bir daha bu binanın önünden geçersem..."

Bu binaya ertesi gün yine girdim, çaresiz. Doktorun karşısına oturdum ve bekledim. Mekanik bir sesle, gerizekâlı öğrencisine ders verir gibi anlattı. Önce anlamadım. Ya da anlamak istemedim. Bir daha anlattı. İnsan bir koltukta dik otururken, gözleri açık, dimağı açık bayılabilir mi?

Olabilirmiş, demek. Her şeyin farkındayım, duyuyor, görüyordum ama o odada değil, bir başka plandaydım. Memeler işte ilk o zaman uçuşmaya başladı etrafımda. Pembe, bej, açık ve koyu kahverengi, sütlü, sütsüz memeler. Yüzüme değen memeleri ellerimle itmeye çalışıyordum. Bir ara odaya geri dönmüş olmalıydım, bir ses duydum.

"Ne zaman?" Bu, benim sesimdi.

"En kısa zamanda." Bu, doktorunki.

"İki ay sonra." Benim sesim.
"İki gün sonra." Doktorunki.
"Olmaz. Zamana ihtiyacım var. Bu fikre alışmalıyım." Benimki.
"Erken teşhis çok önemlidir. İki gün sonra!" Doktorunki, celladınki, kasabınki...
"İki gün sonra... Kesin mi?"
"Evet," dedi doktor.
"Göğsüm... gidebilir mi?" Sorumu duymasını istemediğim için fısıldadım, ama o duydu.
Uzun bir sessizlik. Hiç bitmeyen, sonsuza varan, yüz yıllık, bin yıllık bir sessizlik.
"Belki."
Ruhum, o an öldü.

Göğsüm, on iki yaşıma bastığımda daha meme görüntüsü kazanmamıştı. Yine de oralarda bir kabarıklık fark ettiğim için, dar kazaklar giymekten ve dik durmaktan çekinir olmuştum. Biz, kırklı yıllarda doğan kızlar, cinselliğimizle alenen gururlanmayı öğrenmemiştik henüz. Büyükannelerimizin ürkek, çekingen ve kibar tavırlarının, cinselliklerini gizleyen ezik edalarının gölgesi sinmişti davranışlarımıza. Bir süredir öne eğik durduğum kaçmamıştı annemin gözünden, "Ne bu halin senin, rüzgârda eğilmiş filiz gibi?" demişti. "Gel bakayım buraya."
Memelerimin çıkmakta olduğunu anladığında, bir koşu mutfağa gitmiş, şarap kadehlerinin en küçüğü ile geri dönmüş ve kadehi, sıyırdığı kazağımın altından memelerime kapatmıştı. Soğuk bardak tenime değince irkilip bağırmıştım.
"Böyle yapılır, göğüslerin küçük ve biçimli olsun diye," demişti.
"Sana da yaptı mı anneannem?"
"Elbette. Ona da kendi annesi yapmış. Yoksa nereden bilecektim?"

"Ama senin göğüslerin kocaman."

"Annem beni büyük bir bardakla ölçmüş."

"Sen de beni büyük bardakla ölç. Ben büyük göğüs istiyorum."

"Allah korusun," dedi annem.

Sülalece büyük göğüslüydük ve annemin kâbusuydu bu. Askısız elbiselerin çok moda olduğu yıllara rastlamıştı gençliği, "strapless" yani askısız elbise giyemediği için çok üzülürdü. Arkadaşları, balolarda ve sayıları iki, üçü geçmeyen gece kulüplerinde (o zamanın tabiriyle lokallerde) omuzları çırılçıplak dolanırlarken, onun hep sutyen askılarını gizleyen ince bantları olurdu, dekoltesini bölen.

"Beni kırmızı şarap bardağı ile ölç, o daha büyük."

"Asla," dedi annem. "Sen küçücük göğüslü, incecik bir kız olacaksın."

"Ama anne, sen de incesin."

"Sen hem ince, hem de küçük göğüslü olacaksın."

"Ben büyük göğüs seviyorum."

"Hiçbir elbise güzel durmaz üstünde. Strapless de giyemezsin."

"Olsun, giymem. Ben büyük göğüs..."

Sözümü kesti annem, "Çok konuşma, annelerin dediği olur. Al şu bardağı mutfağa götür," dedi.

Kös kös mutfağa gittim ve sen misin büyük şarap bardağını reddeden! Makul isteklerimi kabul etmediklerinde, bana anlayış göstermeyen büyüklerime her zaman yaptığımı yaptım; küpün üstünde duran maşrapayı kaptığım gibi, kapattım göğsümdeki belli belirsiz iki kabarcığın üstüne...

Birkaç yıl sonra, annemin, "Ben bunun memelerini küçücük bir bardakla ölçmüştüm, nasıl böyle oldular, anlamıyorum," dediğini hatırlıyorum. Kendi yaptırımlarının, genetik saptamalardan baskın olacağına inanırdı benim annem. Bana gelince, büyüdüğümde "bardakla meme ölçme" saçmalığına gülüp geçmekle beraber, ömür boyu hep ince bir pişmanlık duymuşumdur, şarap bardağı değil de maşrapa kapattığım için memelerime.

İki elimle avuçlamıştım memelerimi. Onlar benimdi. Onlarla yaklaşık otuz yıldır birlikte yaşıyordum. Onlara alışmıştım. Annemin ölçüsüne başkaldırdığım için cezaya çarptırılarak, bir maşrapayı dolduracak kadar büyük memeler verdiğinden dolayı, tanrıya ara sıra isyan etsem de, onlarla aynı bedende yaşamayı öğrenmiştim. Sevsem de sevmesem de benim memelerimdiler.

Kışları dar kazakları güzel doldurdukları için bağışladığım, yaz aylarında bikini üstlerinin sağından solundan fışkırarak beni zor durumda bıraktıkları için nefret ettiğim, bana ait iki adet meme!

On üç-on dört yaşından beri, gövdemin üst orta yerinde taşımakta olduğum, aynaya her bakışımda gördüğüm, beni ben yapan şeylerin en özeli, en kişiseli, en bana aiti, bir doktorun neşteri altında onu bana bağlayan derinin, kasların, damarların, dokuların teker teker kesilmesi suretiyle hayatımdan, bedenimden, kısacası benden kopacak, ayrılacak ve gidecekti!

Nereye? Muhtemelen, ameliyat edileceğim hastanenin arka avlusundaki çöp bidonlarının içine... Yeni doğmuş bebek sonu veya ciğer için yalanarak bekleyen arsız kedilere ne büyük düş kırıklığı olacaktı ama!

Bu sevimsiz hastalık, yeni kurbanı olarak madem beni seçmişti, bari bunca yıldır görmeye alışmadığım bir yere saplasaydı okunu, ruhsal ve görsel tahribatı yapmadan bende. Sol mememin yerine rahmimi alsalardı örneğin. Akciğerlerimden birini de verebilirdim seve seve.

Böyle bir pazarlık için çok mu geç kalmıştım?

"Bu sözleri duymamış olayım! Meme kanseri tedaviye en olumlu cevap veren türlerden biri," demişti doktorum.

***

Meme katili, sen ne anlarsın? Göğsünün üstünde kuru üzüm gibi duran iki kahverengi noktayı memeden mi sayıyorsun? İlk çıkmaya başladığı günden itibaren bir memenin, küçük bir kızın kadına dönüşmesindeki serüvende, tabularıyla yüzleşip, bedenini ve cinselliğini tanımasındaki rolünden haberin bile yok senin. Yeni doğmuş bebeğinin kuş gagası gibi çırpınan minicik ağzına da dayamadın ki meme uçlarını hiç! Ve memenden fışkıran, bulanık su rengi süte, minicik insan yavrusunun mırıltılar, gurultularla elli santimlik bedeninden beklenmeyen bir oburluk ve azimle saldırdığına da şahit olmadın, doktor.

Senin için meme, en kötü ihtimalle, on beş-yirmi dakika içinde kesip alacağın eskimiş bir kanserli torba, en iyi ihtimalle de, sevişirken refleksle avuçlayıvereceğin ya da bilinçle uyarmaya çalışacağın bir seks nesnesi. Olsa da olur, olmasa da bir başka insanın vücudunda...

O yüzden miydi, havadan sudan bahseder gibi, bana sakin sakin, "Açtığım zaman, gerek görürsem, memeyi alacağım," deyivermen?

İyi ki Amerika'da yaşamıyordum. Oradaki doktorlar çok daha acımasız yöntemlerle yaklaşıyorlarmış hastalarına, en ufak bir umut ışıltısı bile bırakmadan. Çelik mavisi gözlerini hastalarının yalvaran gözlerine dikip, şöyle derlermiş:

"İki aylık ömrün kaldı" veya "Vasiyetini hazırlaman için, önünde koca bir yıl gibi, bol zamanın var."

Hasta ameliyat ile kurtulacaksa eğer, o durum da incelikle dökülürmüş dudaklarından: "Sen değil, sadece memen gidici" ya da "Bundan böyle, tek memeye talim edeceksin!" gibisinden.

İyi bir moralle gireyim ameliyata diye, acıma duygusu güçlü Türk hekimi, hiç değilse oyalamaya çalışmıştı beni. "Elimdeki bulgulara göre, çok küçük bir ihtimal ama, açtığım zaman, beklenmedik bir tablo görürsem..." demişti. O konuşup dururken, bir şiir geliyordu aklıma.

"Taze bir gül kadar, bütündür solmuş bir gül,
Dalından koparılmış bahçeler hatırlatır."

Hemen kendi şiirimi yazıyordum hayalimde, nazire olarak.

"Bir çift meme kadar bütündür tek bir meme,
Ortadan parçalanmış bir beden hatırlatır."

Yarın, "hazırlanma odası"nda başlayacağım hazin yolculuğumu, "uyanma odası"nda bekletilip ve nihayet odama getirilerek tamamladığımda, ortadan parçalanmış bir bedenim olacaktı. Doktorun inatla, "Açmadan bir şey söyleyemem," demesine rağmen, ben biliyordum gerçeği. Gözlerinden okuyordum, sesinde duyuyordum. Bir gün önce, doktorun karşısında otururken, ruhumun öldüğü an, doğa bana yepyeni bir yetenek bahsetmişti; söylenmeyenleri algılama duygusu.

Gövdem tam ortasından ikiye bölünecekti, memeli taraf ve memesiz olarak.

Yüreğim memesiz tarafta kalacaktı, teselli niyetine, yoktan iyiydi, kalbimin o köşede çarpması. Bomboş kalmayacaktı sol yanım, en azından. Bunca yıldır, yatağımda alıştığım köşeyi değiştirecek, kocamın tarafına geçecektim, ona yüreğim ve memem arasında bir seçim hakkı tanımayarak. Yatağın solunda ben ve var olan mememin tarafında kocam. Sonra ne olacaktı?

Sonra nelerin olabileceğini düşünmeyi erteliyordum ama yine de birkaç senaryo vardı kafamda.

"Boşanmak istiyorum," diyecektim. "Çünkü başka bir adama âşık oldum." Ve o asla bilmeyecekti, onu ömür boyu tek memeli bir kadınla yatağın sağ tarafında yatmaya mahkûm etmemek için, büyük bir fedakârlıkla bu yalanı attığımı. Bu senaryoyu arabesk şarkılarla süsleyerek, aşk ve acı filmlerinin yönetmenine çektirecektim.

Kocamı tek memeli bir kadınla yaşamaktan kurtarınca, bir sevgili edinecektim haliyle. Herhangi bir adamın göz zevkini, kırk yıllık kocamınkini gözettiğim gibi gözetemeyeceğime göre, sevgilim mutlaka "herhangi" biri olmalıydı. Karşısında ilk kez soyunduğumda, şaşırmaması için, çıkmaz sokak işareti gibi bir plaket yapıştırabilirdim sol tarafima: "Burada meme yok!"

Ruhumun öldüğünü unutuyordum. Ruhu ölmüş biri, sevmeyi becerebilir miydi? Ancak, bunca yıldır sevmeye alıştığından, alışkanlıklar da insanda yer ettiği için, seviyor zannedebilirdi belki. Ama o "herhangi" adam, tek memeli bir kadını nasıl sevecekti? Sevgisizlikten kurtuluş yoktu bana. Siyah, beyaz, ten rengi, dantelli, dantelsiz onca sutyenime ne olacaktı? Mahmutpaşa Yokuşu'nda, "İkizlere takkeee, ikizlere takkeee," diye yırtınarak sutyen satan satıcılardan birine gidip, şöyle diyebilirdim: "Bak kardeşim, bendeki ikizlerden biri sizlere ömür, sutyenlerimin hepsini sana hibe ediyorum, güle güle sat."

Yaşlar gözlerimden sel gibi boşanıyordu. Mememi istiyordum. Mememi seviyordum. Vazgeçtim onu beğenmemekten. Dümdüz göğüslü kadınlara gıpta ettiğim için çok çok çok pişmanım, Allahım. Memelerimin beni rezil ettiği durumların hepsini affetmeye hazırım. Varsın bluzlarımın düğmesi en olmadık yerlerde kopuversin.

Eğildiğimde, ben fark etmeden, mayomun dışına firlasınlar.

Doktorumun, avukatımın, meslektaşımın, arkadaşımın, yaşlı genç, dünyadaki tüm erkeklerin bakışlarını, göğsümün üstünde yakalayayım; hiç umursamayacağım, hiç utanmayacağım, hiç kızarmayacağım. "Allah belanı versin senin, meme," bir daha asla asla demeyeceğim.

En sevdiğim düz kesimli, derin yakalı modeller, büyük göğüslülere yakışmadığı için küfürü basmayacağım.

Bu koca memeleri başımıza bela ettiği için, Çerkez asıllı büyük büyükanneme lanetler yağdırmayacağım.

Yalvarırım bağışla mememi bana, Tanrım...

***

"Deli misin nesin sen, canını düşüneceğine memeni düşünüyorsun," dedi Macide. "Ameliyattan önce, kendini harap edip bitirme. Güçlü olman lazım." Derneğin küçük karanlık odasında yalnızdık.

"Ya alırlarsa?"

"Alırlarsa alsınlar. Ne olacak yani? Zati kaç yaşındasın, kuzum? Kırk beş oldun mu?"

"Kırk dört olacağım gelecek ay."

"Eh, ne üzülüp duruyorsun memem de memem diye. Zaten beş-altı senen kalmış şunun şurasında."

"Ölmeye mi?" diye sordum dehşetle.

Ölümü hiç düşünmemiştim nedense. Kanserin ölümcül olabileceği, başka organlarıma sıçrama ihtimali de gelmemişti aklıma. İki günden beri, sadece mememe takılıp kalmıştım. Belki de insan vücudunda bir mekanizma, hastanın aklını hepten kaçırmaması için, böyle durumlarda devreye giriyor ve onu yarı aptal bir hale dönüştürüyordu.

"Ölümü de nereden çıkardın şimdi?" dedi.

"Neye kalmış ki beş-altı senem?"

"Bedensiz varlık olmaya."

Bakakaldım. Macide elli üç yaşındaydı. Yıllardan beri aynı dernekte birlikte çalışıyorduk. Çok güzel bir kadınmış gençliğinde. Hâlâ hoştu, ama tanıyanlar onun gençliğindeki güzelliğini anlata anlata bitiremezdi.

"Ne demek o Macide?" diye sordum.

"Bedensiz varlık olmak mı?"

"Evet."

"Elli yaşın öte tarafına geçmek."

"Nasıl yani?"

"Şöyle; tam yarım asır, güzellik diye bir kavramın peşinde koşuyorsun. Güzel olduğunu biliyor, duyuyor, güzel kalmak istiyorsun. Güzelsin diye, erkekler hep fark ediyor seni, sana bakıyorlar, seni görüyorlar, sana asılıyorlar, kur yapıyorlar, elde etmeye çalışıyorlar..."

"Macide, yeter."

"Yetiyor zaten. Tam elli sene. Sonra, ellinin öteki yarısı başlıyor."

"Eee?"

"Birden şunu öğreniyorsun; güzellik diye bir kavram yok, sadece gençlik var. Genç değilsen, güzel de değilsin. Genç değilsen, yoksun. Elliyi geçtikten sonra, kimse seni görmüyor, duymuyor, fark etmiyor. Otobüslerde, vapurlarda, uçaklarda seni bir an rahat bırakmayan koltuk komşuların, senin farkına bile varmıyorlar artık. Tam bir bedensiz varlığa dönüşüyorsun. Varsın ama yoksun. Birine varlığını duyurmak için, ona dokunmak, seslenmek, hatta onu sarsmak zorundasın. O yüzden takma kafana memeni. Elliye az kalmış nasılsa, elli oldun muydu, ha tek meme ha üç meme, hiç fark etmez."

Doğru bile olsa söyledikleri, daha altı yılım vardı "bedenli" yaşamak için. Hiç olmazsa altı yılcık daha, çift memeli olamaz mıydım?

"Yarım saat sonra, doktorda olmam lazım. Testlerin neticelerini öğreneceğim," dedim toparlanıp kalkarken. O da kalkıp benimle birlikte yürüdü, kapıya kadar. Kapının önünde boynuma sarıldı.

"Geleyim mi seninle?"

"Hayır. Yalnız olmak istiyorum."

"Pekâlâ. Cesur ol. Takma kafana memeni. Dediklerimi düşün, inan ki yakında hiç fark etmeyecek."

Akaretler'den yukarı yürüyordum, Maçka'ya doğru.

"Deli Macide," diyordum kendi kendime. "Tesellinin şekline bak. Bedensiz varlıkmış! Bedensiz varlık!"

Ben, henüz "bedenli varlık"tım. İki kolum, iki bacağım, iki kulağım, iki gözüm ve iki memem vardı. Onların hep çift kalmasını istiyordum. Bir kadındım madem, kadın gibi görünmek, kadın gibi düşünmek, kadın gibi hissetmek ve kadın gibi algılamak istiyordum. Eğer ellide bitiyorsa "kadın olma" durumu, erkekler beş yıl daha bana baksın, beni görsün, beni beğensin, beni sevsin istiyordum.

Kocama sarıldığımda, her iki memem de değsin onun gövdesine, dudakları her iki mememde de dolaşsındı. Elleri her ikisini de okşasındı. Çocuklarımın başlarını göğsüme bastıraydım, sadece sağ yanıma değil. Giydiğim ceketin sağını da solunu da eşit doldursundu bedenim, mayomu giydiğimde... mayomu...

Bacaklarım titremeye başladı nedense. Yürüyemeyeceğimi fark ettim. Yürüyemiyordum. Yürüyemiyordum. Sis mi basmıştı ne, gözlerim de doğru dürüst görmez oldu. Yanaklarım sırılsıklamdı. Bir taksiye işaret ettim. Durdu.

Aynada göz göze geldik şoförle. Gördü beni, bakışları karmakarışık suratımda durdu bir an. Demek ki bedensiz varlık değildim daha. Bedenli ve çok kısa bir süre için iki memeli varlıktım. Tek memeyle kaldığımda neler olacağını bilemiyordum.

Tek memeli bir kadın ne hisseder? Soyunup aynaya baktığında, ne görür? Tanıdığı, bildiği kendini mi görür, bir yanı kabarık, bir yanı düz bir yabancıyı mı? Erkeklerin karşısında nasıl durur çıplak, tek memeliyken? Nasıl yaklaşır, nasıl sevişir, ne bekler? Tanrım, keşke gerçekten bedensiz bir varlık olsaydım. Ölsem diyemiyordum. Ölmek istemiyordum çünkü. O anda hiçbir zaman istemediğim kadar çok, uzun yaşamak istiyordum. Ama illa da iki mememle yaşamak.

"Nereye?" dedi şoför. Sahi, nereye gidiyordum ben? Acıya gidiyordum. Neden yalnızdım?

Yalnızdım, çünkü acı sadece tek kişilikti. Korku tek kişilikti.

Bir kişi kanser olurdu.

Bir kişi korkardı.

Bir kişi öderdi bunun vebalini.

Diğerleri seyirciydiler. Diğerleri üzülebilirdi, paylaşabilirdi, yardımcı olabilirdi. Ama, kanser ve korku. O dipsiz kuyu gibi karanlık ve derin korku tek bir kişinindi. Tek kişinin.

Bir kere daha ölesiye korkmuştum memelerimden dolayı, ilk doğumum sırasında. Doktor, doğumhaneye götürülürken,

"Emzirmek istiyor musun bebeğini?" diye sormuştu.

"Başka seçeneğim var mı ki?"

"Mamayla besleyebilirsin."

"Hangisini yapmamı önerirsiniz?"

"Çok gençsin. Gezmek, dolaşmak, gece çıkmak isteyeceksin herhalde."

"Evet, gezmeyi severiz biz, karı koca."

"O halde mamayla besle. Ana sütüne çok yakın mamalar var. Yoksa bebeğin esiri olursun," demişti doktorum.

O yıllarda, doğal beslenmeler ve doğaya dönük eylemler, yükselen değerler arasında değildi. Altmışlı yılların başındaydık ve naylon bluzlar, kat kat naylon iç etekleri, çok yüksek topuk giyiyor, uzun ağızlıklarla sigara içiyor, kalın fondöten sürüyor, gözlerimize uzun kuyruklar çekip, takma kirpikler takıyorduk. Amerika'dan doğru esen rüzgâr, İstanbul, Ankara, İzmir gibi büyük kentlerde, her alanda bizi de kasıp kavuruyordu. Altmışlı yıllarda doğan bebekleri, İngilizce bilen genç anneler, Dr. Spock'ın kitaplarına satır satır bakarak büyütüyorlardı. Sonraları bu kitap, birçok dile olduğu gibi Türkçeye de çevrilmiş ve dünyayı Dr. Spock'ın disipliniyle büyümüş çocuklar sarmıştı. Bu çocuklar, analarını kendilerine köle etme zevkinden mahrum bırakılmış bir kuşaktı. İstedikleri kadar ağlasınlar, yırtınsınlar, bağırmaktan fıtık olup, sesleri kısılsın, dakikası dakikasına tam zamanı gelmeden, yani Dr. Spock'ın tespit ettiği, üç veya dört saatleri dolmadan asla biberonlarına kavuşma, kucağa alınma olanakları yoktu. Ben de ilk aylarda, bebeğimin kölesi olacağıma, Dr. Spock'ın esiri olmuştum.

Doğumdan hemen sonra, iki adet hap içirip, bir de iğne yapmışlardı kalçadan, sütü durdurmak için. Bebeğim biberonla tanışmıştı. Onu kollarımda tutmuş, ilk şişesini içiriyordum, kayınvalidemle annem içeri girdiklerinde.

"Ne var o şişede?" diye sordu kayınvalidem.

"Süt," dedim.

"Ne sütü? Senin sütün mü?"

"Yok canım, benim sütüm olur mu, mama işte."

Annemle, kayınvalidemin atmaca gibi üstüme atladıklarını anımsıyorum. Bebeği emzirmediğim için, kâh bağırıp çağrışıyorlar, ana sütünün faziletlerini anlatıyorlar, kâh sakinleşip yalvarmaya başlıyorlardı. Ben o kadar şaşkındım ki, tek kelime edemiyordum. Etrafımdaki bu kargaşadan bebek de rahatsız olup ağlamaya başladı. Kayınvalidem, parmağındaki inci yüzüğü çıkarttı,

"Bak bu senin," dedi. "Emzirmeyi kabul ettiğin an, bu yüzüğü senin parmağına göre yaptıracağım."

"Rüşvete gerek yok," diyebildim sonunda. "Bu kadar üzüleceğinizi bilseydim, emzirirdim. Kimse bana bir şey söylemedi ki."

Kimse bana hiçbir konuda bir şey söylememişti zaten.

Bizim evde tabu olan konular vardı. Anneannemin yanında yaştan, paradan ve ölümden söz edilmezdi. On beş yaşının üstünde birine kaç yaşındasın diye sormak ayıptı. Kaç para kazanıldığı da sorulmazdı kimseye, para lafı hepten ayıptı. Ölüm, uğursuzluklar çağrıştıran, mutsuz bir kelimeydi, yasaktı. Büyüklerin yanında cinsellikten, aşktan konuşmak ayıptı. Aynı konuları küçüklerin yanında konuşmak da ayıptı. Bunca ayıbın ortasında, "Bebeğimi emzireyim mi?" diye soramamıştım kimseye, doktorumdan başka. O da genç bir doktordu ve Amerika'dan yeni dönmüştü.

Zile basıldı ve gelen hemşireye, fikrimi değiştirdiğim, bebeğimi emzirmeye karar verdiğim söylendi. Bana yeniden haplar yutturup, bir-iki de iğne yaptılar. Özel bir diyete tabi tutulup, bol sütlü gıdalar ve bira mayası ile beslendim birkaç gün. Ve sütüm geldi. Sütüm öylesine bol geldi, zaten iri olan göğüslerimi öyle bir hale soktu ki, yattığım yerden kalkamaz oldum. Sanki iki kocaman balon bağlamışlardı göğsüme. Ayağa kalkmam gerektiğinde, süt dolu memelerimi taşımak için, "Bana bir tepsi verin," diye bağırıyordum. Sırtüstü yattığımda, memelerim hüt dağları gibi yükseliyordu önümde ve devamlı süt akıtıyorlardı. Hemşireler ikide bir gelip, sırılsıklam olmuş çamaşırlarımı değiştiriyor, göğsüme pamuklar, havlular sarıyorlardı. Bunca bol süte karşın, bebeğim üç-dört gündür biberonun tadına alışmış olduğu için, emmiyordu sütümü. Küçücük ağzını mememe dayadığımda avaz avaz bağırıyor, şişesini arıyordu. Bebeğin içmediği sütü, canımı ölesiye acıtarak bir hemşire sağıyordu göğsümden. Tam bir inek olmuştum. Ter ve süt kokan, acıdan sürekli ağlayan, insan suratlı bir inek.

Sonunda memelerimde birikip katılaşan süt yüzünden, hastalanıp kırk derece ateşle yanarak, komaya bile girdim. Yirmi yaşında, iki koca testi memeye sığdırdığım kilolarca sütle birlikte, gidiyordum bu dünyadan.

Yaşama ve çocuğuma doyamadan, ölüyordum.

Yine iğneler, haplar ve depdeğişik bir perhiz... Normal doğum yapan genç kadınların üç günde çıktığı hastaneden ben on günde zor çıktım. Sütüm kesilmişti. Memelerim küçülmüştü. Ben de küçülmüştüm, on günde tam dört kilo vermiştim yüksek ateşten ve acıdan.

Twiggy denen sıska mankenin dümdüz, çıkıntısız bedenine özendiği için on dokuz-yirmi yaşında bir kıza, ne acımasız bir intikamdı bu, hain memeler!

Gece hemşiresi değişmişti sabah yedide. Şimdi karşımda bir başka beyazlı kadın duruyordu.

"İyi uyudunuz mu dün gece? Size saat ikide bir sakinleştirici yapmışlar." Sakinleştiriciye rağmen, hırçın ve huysuzdum. Sana ne, demek geliyordu içimden.

"Uyudum," dedim.

"Bir isteğiniz var mı?"

Var. Rica etsem, kansersiz bir sol meme bulunabilir mi bana?

"Karnım çok aç."

"Ah, ne yazık ki hiçbir şey yiyemezsiniz. Saat dokuzda ameliyatınız var."

"Bir bardak çay içeydim."

"Olmaz."

İdam mahkûmlarının son isteği yerine getirilir halbuki.

"Şimdi, sakin olmaya çalışalım biraz." Arkamdaki yastıkları düzeltiyordu.

Sakin olmaya çalışalımmış. Biz! Biz kimiz?

"Biz kimiz?" diye sordum.

Şaşırdı, "Yani siz."

"O zaman siz deyin. Ameliyatı ben tek başıma oluyorum. Yoksa benimle birlikte kesilmek üzere yatmak ister miydiniz, siz de?"

Kıpkırmızı oldu. "Sinirli olmanızı anlıyorum," dedi yavaşça.

Oh, aferin sana, ne de anlayışlısın!

"Ben de anlıyorum, sinirli olmanı." Bu... bu benim kocamın sesiydi. Hemşire önümde durduğu için göremiyordum... Kadının omzunun üzerinden, bir demet menekşe sallıyordu bana. Hemşire, küskün çıktı.

"Sen... sen ne arıyorsun bu saatte burada?"

"Karımı arıyorum." Menekşeleri kucağıma bıraktı. En sevdiğim çiçekler!

"Bunları bulmak için kaç çiçekçi dolaştım biliyor musun? Bari bir öpücük ver." Neşeli gözükmeye çalışıyordu.

"Sağ ol. Ne zaman aldın bunları? Daha sabah yeni oluyor."

"Dün akşam. Uykum kaçtı. Arabayla dolandım durdum. Sinirli olan yalnız sen değilsin."

Böylesi daha iyiydi, hissettiklerini saklamadan, gerçek duygularıyla karşımda durması. Bir de, öğlen saatlerinden itibaren sahip olacağı tek memeli karısını ne yapacağını bilemediğini itiraf etse, daha da gözüme girecekti.

"Söz vermiştin gelmemeye."

"Sözümü kısmen bozdum. Tamamen değil."

"Anneme, çocuklara söylemedin değil mi?"

"Hayır, söylemedim. Bence hiç doğru yapmıyorsun ama, madem bu kadar ısrarlısın... Onlar seni ani bir toplantı için Ankara'ya gitti zannediyorlar, kararlaştırdığımız gibi."

"Nasılsa öğrenecekler yarın. Boşuna telaşlanmalarını, üzülmelerini, hastane koridorlarında sürünmelerini istemiyorum. Şimdi sen de git."

"Hayır gitmeyeceğim," dedi kocam. "Bu işte beraberiz. Burada oturup, senin ameliyattan dönüşünü bekleyeceğim. Memeli ya da memesiz. Benim için hiç fark etmez."

"Eder."

"Pekâlâ, madem bu kadar ısrar ediyorsun, bekleyip göreceğiz. Eğer etmişse, sana istediğim biçim ve boyda bir sol meme ısmarlarız, olur biter."

"Burada bekleme, git, akşama gelirsin. Eğer alınmışsa, ben sana 'naa' işareti yaparım." İşareti yaptım elimle, komik olmaya, cesur olmaya ve gülmeye çalışıyordum. Ama gülümsemem, çirkin bir yırtık gibi duruyordu titreyen dudaklarımda.

"Bak canım," dedi kocam sabırla. "Sen ne dersen de, ben burada oturup karımın ameliyattan dönüşünü bekleyeceğim. Keşke annen ve çocuklar da yanımda olsalardı. Ama haydi onları istemedin, beni uzaklaştırma."

Yanıtlamadım. Beni niye anlayamadığını düşünüyordum. Bu oyunu tek başıma daha kolay oynuyordum ben. İnsan sıcağından uzakta, ilgi ve sevgiden yoksun kalınca, içim donuyordu, hırçın, edepsiz, umursamaz ve güçlü olabiliyordum da, sevdiğim insanlar etrafımda dolanırken, çözülmekten, paramparça olmaktan, kendimle beraber onları da derin karanlıklara çekmekten korkuyordum. Bu öylesine bir çırpınış, öylesine bir duyguydu ki, en yakınımla bile paylaşabilmem imkânsızdı. Doğum ve ölüm gibi, tek kişilik bir eylemdi bu.

Beyazlı ukala geri geldi, elinde idamlık gömleğimle.

"Biz şimdi üstümüzü değişeceğiz, biraz dışarda bekler misiniz?" dedi kocama.

"Biz değil, ben. Ben üstümü değişeceğim. O da benim kocam, çıkmasa da olur."

"Hep böyle hırçın olunur, ameliyatlardan önce." Anlayışla gülümsedi. Pis kadın, üç saat sonra o hâlâ iki memeli olacaktı.

"Bize beş dakika müsaade eder misiniz?"

Çıktı. Üstümdeki geceliği sıyırdım. Çırılçıplak oturdum yatağın içinde.

"Son kez bakmak istemez misin, dengeli, orantılı vücuduma?"

Kocamın kollarındaydım bir anda. Başını göğsüme gömmüş, ağlıyordu.

"Keşke birkaç yılım daha olsaydı," dedim yavaşça. "Hiç olmazsa, bedensiz varlık olana kadar..."

Yaş dolu gözleri dehşetle baktı yüzüme, "Ne dedin sen? Sakın bu sözü ağzına alma? Çok başında yakaladık hastalığı. Kesin şifa dediler doktorlar. İnan bana."

"Bedensiz varlık" lafımı yanlış anladı. Ben şimdi nasıl anlatacaktım ona, Macide'nin hayat felsefesini?

"Ha tek meme, ha üç meme, hiç fark etmez," demişti Macide. Ne olurdu bari şu önümdeki beş-altı yıl kuş gibi uçsaydı. "Hiç fark etmez" yıllara bir an önce ulaşaydım. Bedensiz varlık olmaya razıydım da, hâlâ bedenliyken tek memeli olmaya razı değildim nedense.

Kalın, beyaz kumaştan dikilmiş önlüğü geçirdim üstüme.

Kocam, bana gelinlik giydirir gibi, yumuşak hareketlerle ve özenle bağcıkları bağladı teker teker. Menekşelerini kucağıma aldım.

Kafasını uzattı kapıdan hemşire,

"Hazır mıyız?" diye sordu.

Anladım, hiç öğrenemeyecekti bu kadın. Kaz kafalı.

"Biz değil," dedim inatla. "Ben hazırım. Ben oluyorum ameliyatı. Ben, ben, ben. Tek başıma."

Sonra, sadece benim duyduğum sessiz sorunun çığlığı yankılandı yüreğimde:

"Hazır mıyım?"

ÇIKMAZ SOKAKTA YÜRÜMEK

Birkaç saat önce geldiğim köydeki çiftlik evinde, ısınabilmek için habire kütük attırıyordum şömineye. Hava buz gibiydi ve yağmur bardaktan boşanırcasına yağıyordu. Rüzgâr sık sık yön değiştiriyor olmalı ki, evin değişik yönlere bakan pencereleri, değişik zamanlarda ani bombardımanlarla sarsılıp duruyordu. Fırtınadan dolayı sık sık gidip gelen elektrik yüzünden ışıklar kesildiğinde, oda, kütüklerin alevinde sarı-sıcak, tılsımlı bir aydınlığa bürünüyor, gölgeler uzuyor, pencerenin dışında yerlere eğilip kalkan ağaçlar insanın içini ürpertiyordu. Bu vahşi görüntünün içinde, beklenmedik şeylere gebe gibi duruyordu gece. Şöminenin kenarına odunları az önce yığmıştı Hasan. Keşke gelse de, şu ateşi yine biraz canlandırsa diye düşünürken, kapıyı tıklatıp, içeri kafasını uzattı,

"Akşama ne yemek istersiniz?" diye sordu.

"Siz ne yiyorsanız ben de onu yerim."

"Bizde de bugün yemek yok. Zeyno hastaydı, bütün gün yattı."

"Nesi vardı?"

"Sancısı vardı."

"Doktoru aradınız mı?"

"Aramadık. Anasına telefon ettiydi, üşütmüşsündür, bütün gün yataktan çıkma, demiş."

"Zaten yatması gerekmiyor mu, onun?" diye sordum. Önüne baktı Hasan.

Bu kız bir kere daha sancılanmıştı iki ay kadar önce. Yatak istirahati vermişti doktor ama kaynanası, "Bunca çocuk doğurdum ben, hepsinde de son güne kadar başım işten kalkmadı," diye iğneliyormuş gelinini. O yüzden yatmaya çekiniyordu Zeyno.

"Tarhana çorbası pişirecektik. Siz de içer misiniz?" dedi Hasan, lafı değiştirmek için.

"İçerim, ama sakın kızı kaldırıp işe koşma emi. Sen pişir çorbayı."

Yüzüme garip garip baktı.

"Çorba yapmayı bilmiyor musun yoksa? Getir o zaman tarhanayı, ben yapayım. Zeyno'yu kaldırma," dedim.

Gitti. Biz şehirli kadınların ne kadar nazenin olduğumuzu, bir gebeliği bile ne denli ciddiye aldığımızı düşünüyordu, eminim.

Bir saattir aralıksız yağıyordu yağmur. Hızı hiç kesilmemişti. Art arda çakan şimşekler, kütüklerin sıcak aydınlığına inat, soğuk, steril bir ışıkla bembeyaza boyayıveriyordu odayı. Aklıma Edgar Allen Poe'nun "Raven" adlı şiirini getirdi fırtına. Kocaman kapkara bir kuzgunun rüzgârla açılan pencereden kanatlarını çırparak gelip masama konmasını ve gözlerini bana dikip bakmasını bekledim dehşet içinde. Ama, pencereden değil de, hızla açılan kapıdan, kararmış yüzüyle yine Hasan girdi kuzgunun yerine. Kapıyı vurmamıştı bu kez.

"Tarhanayı mı getirdin pişirmem için?" dedim, biraz tedirgin.

"Zeyno fenalaştı!" Telaşlıydı sesi.

"Ne demek o?"

"Fenalaştı işte."

Fırladım yerimden. Ben önde, Hasan arkada telaşla evden çıkıp, bahçede çamurlara batarak, sırımsıklam ıslanarak koşturduk bekçi evine. Kız yatakta sırtüstü yatmış avaz avaz bağırıyordu.

"Zeyno! Neyin var? Canın mı yanıyor?"

"Üç gündür azıcık sancılanıyordum. Bugün birden arttı sancılar."

"Doktoruna telefon etmedin mi?"

"Yoo."

"Niçin? Neden aramadın doktoru?"

"Ne bileyim."

"Kızım bu telefonu boşuna mı çektirttim ben bu eve kadar? Sancıların ne zaman arttı?"

İki çığlık arasında zar zor duydum dediğini.

"Bir saat önce?"

"Bugün ağır bir şey kaldırdın mı sen?"

"Geleceksiniz diye, evde toz almıştım biraz."

Şimdi bağırma sırası bendeydi. "Kaç kere tembih ettim ev işi yapmayacaksın diye. Sana toz al diyen oldu mu? İstirahat edeceksin demedik mi sana? Ha? Ha?" Farkında olmadan yükselmişti sesim. Zeyno'nun henüz bir yaşına basmış bebesi de avaz avaz bağırmaya başladı eteğimin dibinde. Hasan'a döndüm bu kez.

"Hasan, civar evlerde kimler var komşulardan? Arabası olan birini bul, kasabaya in, doktoru al getir."

"Hiç kimse yok, hanım. Bu havada kim gelir köye. Bir siz varsınız işte."

"Benim arabam yok ki. Taksiyi niye geri yollattırdın bana, madem hastaydı karın?"

"Siz geldiğinizde bir şeyciği yoktu."

"Koş evden telefon defterimi kap gel. Yemek masasının üstüne bırakmıştım."

Hasan çıkınca büsbütün bağırmaya başladı Zeyno. Tanrım, ne yapsaydım? Ne yapabilirdim? Akşamın sekiz buçuğunda, ana yola yedi kilometre uzaklıkta bir dağ köyünde ne gelirdi elimden. Ya bu kız şuracıkta çocuğunu düşürürse? Hasan elinde defterle döndü. Karıştırıp duruyordum defteri, hiçbir şey göremeden.

"Hasan, koş gözlüğümü de getir evden. Ne bakıyorsun öyle, haydi uç!"

Hasan, endişesini bana geçirince, sakinleşmişti. Gözlüğümü getirdi. Ellerim titreyerek çeviriyordum numaraları, İstanbul'da kadın doğumcu bir arkadaşım vardı Allahtan. Onu evinde bulsam diye dualar ediyorum içimden. Dualarım kabul olundu. Arkadaşım evindeydi.

"Köydeki evdeyim. Bekçinin karısı altı aylık hamileydi, aniden sancılandı. Dağ başında kurttan kuştan başka kimse yok, ne olur yardım et," diye yalvardım arkadaşıma.

"Sakin ol," dedi arkadaşım. "Sancılar ille de doğum yapacağının işareti değildir. Belki gazdır, belki mikrop kapmıştır, iltihap da sancı yapabilir, sakin ol!"

"Nasıl anlayacağım farkı?"

"Ellerini hastanın karnının iki tarafına koy. Bak bakalım kasılmalar oluyor mu?"

Telefonu omzumla kulağımın arasına sıkıştırıp, kızın yanına çömeldim, ellerimi karnının iki yanına koydum. Zeyno durmaksızın bağırdığı için, sesimi doğru dürüst duyuramıyordum.

"Galiba kasılmalar var."
"Emin misin?"
"Değilim tabii. Doktor muyum ben?"
"Sen de çocuk doğurdun, anlarsın elbette."
"Doğurduğum çocuk benim karnımın içindeydi, başkasının karnında değil."
Ellerimi, bir doktor edasıyla, sıkıca bastırıyordum Zeyno'nun karnına.
"Yanlış bilgi vermek istemiyorum ama, kasılma var bence."
"O halde kızı bir an önce en yakındaki hastaneye ilet ya da köyden bir ebe bul."
"Ebe mebe yok bu köyde. Araba da yok."
"Doğumu sen mi yaptıracaksın?"
Donup kaldım önce. Sonra ağlamaya başladım.
"Ben beceremem. Ya kıza bir şey olursa, ya bebek ölürse..."
"O kadar korkma," dedi sakin sakin. "Köyde bu işi bilen bir-iki kadın mutlaka vardır. Kızı hastaneye yetiştiremiyorsan, oralarda doğum işini bilen birini bul. Köylü milleti doğumdan anlar. En azından ineklerini doğurtmuşlardır. Paniğe kapılma, doğum olağan ve doğal bir olaydır. Düşük yapıyorsa eğer, çocuk zaten yaşamaz. Siz yeter ki kıza mikrop kaptırmayın."
"Sakın telefonun başından ayrılma," diye yalvarıyordum. "Hemen bir vasıta arayacağım, bulamazsam, sana mutlaka yine ulaşabilmeliyim."
"Merak etme, ben telefonun başındayım. Hiçbir yere gitmiyorum, gerekirse beni yine ara," dedi arkadaşım.
"Hasan koş, kimi bulursan bul, koca köyde dört tekerleği olan biri mutlaka vardır. Bu eve arabasız dönme," dedim. Hasan gitti. Ben durmaksızın ağlayan bir bebe ve iki dakikada bir bağıran bir kadının arasında çaresizlikten perişan, oturup kaldım.
Hasan gitmiş gelmiyordu. Her geçen dakika, bir saate eşde-

ğerdi sanki. Bin yıldır beklediğimi sandığım bir anda, Hasan karşımda bitti. "Bakkal Mehmet'i buldum. Kamyoneti dışarda," dedi.

Buz gibi havaya çıkınca tokat yemiş gibi sersemledim önce. Arkasına açık kasa takılı, derme çatma bir araba duruyordu bahçede.

"Kaç kişi alır senin kamyonet?"

"Yanıma en fazla iki kişi alabilirim. Yağmur yağmasa kasaya da binilirdi ama..."

"Haydi Zeyno'yu toparlayalım da, al karını en yakın hastaneye götür," dedim Hasan'a. "Ben çocuğa bakarım."

"Çocuk durmaz sizinle. En iyisi siz gidin, ben bakayım çocuğa," dedi Hasan.

Bağırıp duran kadını zar zor doğrulttuk yatağında. Kollarına girip kapıya yürüttük.

"Kasabaya kadar dayanabilecek misin? Araba da sarsacak seni," dedim Zeyno'ya.

"Dayanmayıp da n'edeceğim, dağ başında öleyim mi?" dedi Zeyno iki çığlığın arasında.

Zeyno'nun geceliğini bile değiştiremeden, omuzlarına ceketini atıp çıkardık odadan. Ayağına zorlukla giydirdik ayakkabılarını. Ayakları şişmiş, girmiyordu papuçlara. İtiş kakış bindik arabaya. Ben bakkal Mehmet'in yanında, vites kolunun üzerinde oturdum, Zeyno, benim yanıma pencere kenarına ilişti.

Kız çığlık attıkça, Mehmet gaza basıyordu. Farlar çamurdan leş gibi olduğu için, ölgün bir sarı ışık düşüyordu yola. Zifiri karanlıkta, hiçbir şey göremeden son sürat gidiyorduk. Hiçbir şey göremediğimiz için de taşların, tümseklerin, Allah bilir kaplumbağalarla, yoldan kaçamayan daha nice hayvanın da üstünden atlayıp zıplarken, birbirimize tokuşup duruyorduk. Silecekler yağmuru silmeye yetişemiyordu. Bozuk köy yolunda hoplaya sıçraya ilerliyordu araba bir görünmez hedefe doğru.

"Mehmet, bu kadar hızlı sürersen, Zeyno arabana düşürecek bebesini," dedim, endişeyle.

"Arabaya düşürmeden hastaneye yetişsin diye acele ediyorum ben. Yetiştiremezsek ne yaparız, dağ başında?"

"Hiç doğum görmedin mi sen?"

"Nereden görecekmişim?"

"Yani inek, köpek, kedi... Çok mecbur kalırsak, doğum hakkında hiçbir fikrin yok mu?"

"Ağzından yel alsın hanım, aklına bile getirme o işi," dedi Mehmet. "Kızı yetiştiremezsek hastaneye, elimizde ölür kalır."

Korkunç bir çığlık daha attı Zeyno. Dağ yolu bitip şoseye vardığımızda biraz rahatladık. Hiç olmazsa yol düzgün olduğu için kafalarımızı devamlı tavana çarpmıyorduk. Zeyno'nun çığlıkları kesildi. Otuz dakika süren yol, otuz yıla uzadı.

Kamyonet, "Devlet Hastanesi" yazılı tabelanın önünde durduğunda, birkaç kez ölüp dirilmiş ve on yaş yaşlanmış gibiydik Bakkal Mehmet'le... Mehmet indi, ben şoför tarafından dışarı atladım.

"Sen Zeyno'nun inmesine yardım et, ben doktor bulmaya gidiyorum," diyerek koştum taş binaya doğru. Üçer beşer çıktım merdivenleri. Keskin lizol kokulu hole girdim. Holün ucundaki masada oturan hemşireye doğru yürüdüm. Bir kenarda genç bir kız kendini yerden yere atıyor, birkaç genç doktor da onu teskine çalışıyorlardı.

Telaşla bağırdım: "Hastam düşük yapıyor, hemen bir doktor gelsin lüften."

O sırada Zeyno, Mehmet'in kolunda inleye inleye içeri girmekteydi. Hemşire bir bana, bir de kapıda beliren Kürt kızına baktı.

"Burada olmaz bu iş. Hastanızı şehir merkezine götürün," dedi.

"Anlayamadım. Nasıl yani?"
"Burada kadın doğumcu yok bu saatte."
"Nerede?"
"Evine gitti."
"Çağırın."
"Çağıramayız. Uzakta oturuyor."
Zeyno'nun iniltileri arttı.
"Şaka yapıyorsunuz herhalde," dedim.
"Yoo, çok ciddiyim," dedi hemşire.

Doktorların üçü de hâlâ kriz geçiren kızla uğraşıyorlardı. Doktorlar gençtiler. Kız güzelceydi. Uzun kumral saçları vardı. Daracık pantolon paçalarını çizmelerinin içine sokmuştu. Saçını başını yolarak ağlayıp duruyordu. Kapının yanında danalar gibi böğüren iriyarı Kürt kızına kimse bakmıyordu bile. Doktorlardan birine doğru yürüdüm, sakin olmaya çalışarak,

"Doktor bey, bu kız düşük yapıyor. İlgilenir misiniz lütfen," diye yalvardım.

"Kusura bakmayın, ben doğumcu değilim. Şehre gitmeniz gerekiyor," dedi.

"Vakit yok," dedim, "zavallı saatlerdir sancı çekiyor. Hiç olmazsa bir bakın da..." Lafımı kesti,

"Benim işim değil, dedim size."

Nasıl oldu bilmiyorum, birden iki elimi genç adamın yakasına yapışmış buldum. Adam şaşırdı. Ben karşımdaki doktordan daha da şaşkındım aslında. Sanırım ömrümde ilk kez birinin yakasına yapışmıştım.

"Yakanızda doktor olduğunuz yazıyor. Doğru mu görüyorum?" diye bağırdım.

"Elbette," dedi adam.

"Bu binanın kapısında da 'Devlet Hastanesi' yazıyordu. O da doğru mu?"

"Evet."

"Burası bir hastane ise ve eğer siz bir doktorsanız, şu anda, kapının yanında kıvranan kadına hemen müdahale edeceksiniz."

"Ben nisaiyeci değilim."

"Ya nisaiyecinizi derhal bulun ya da sizlerden biri ilgilensin hastamla. Hiçbirini yapmayacaksanız, bana, hastayı kapıdan döndürdüğünüze dair bir yazı imzalayacaksınız. Aksi halde burayı duman ederim. Ertesi günü de, gerekli her yere başvurur sizleri duman ederim. Gazetecileri şu kapının önüne yığar, bu gece bize yapılan muameleyi dünya âleme ilan ederim."

Sesimin giderek yükseldiğini duyuyordum. Sanki o ses bana ait değildi de, başka bir insan konuşuyordu, kimin bağırdığını görmek için etrafıma bakmıyordum. Bir ikilem içindeydim. Bir yanım bağırıp çağıran bu cazgır kadını müthiş ayıplıyor, bir yanımsa etraftaki her şeyi parçalamak istiyordu. Bakkal Mehmet'le göz göze geldik. Adam gözlerine inanamadan seyrediyordu beni. Neler söylüyordum ben? Doktorlardan biri, "Atın bu kadını dışarı," deyiverirse, ne yapacaktım acaba? Bu kurusıkı tehditleri savurup durmaktan pişmanlık duymaya başlamıştım ki, sinir krizi geçiren kızın başındaki diğer doktor yanımıza geldi. Böyle esip üfüren bir kadın kim bilir kimin karısıdır, belaya bulaşmayalım diye düşünmüş olmalıydı.

"Hanımefendi bir sorun mu var? Ben yardımcı olayım."

Durumu bir kez daha baştan sona, bu doktora da anlattım.

"Hastanemizin kadın doğumcusu bugün nöbetçi değil," dedi.

"Çağırın."

"Uzakta oturuyor, arabası da yok."

"Taksi parasını ben ödeyeceğim. Telefon edin gelsin."

Doktor ne yapacağını bilemiyordu. Belli ki nöbetçi olmayan doktorlar evlerinde rahatsız edilmekten hoşlanmıyorlardı.

Zaman geçiyordu, hiçbir ilerleme yoktu ve Zeyno'nun sesi soluğu artık kesilmiş durumdaydı. Adamın gömleğinin koluna yapışmıştım, gitmesini önlemek için.

"Bakın, mesai saatinden sonra rahatsız edilmekten korkanlar, asla doktor olmamalılar," dedim. "Dünyada onca meslek var. Kadın-doğumcu arkadaşınız bir bakkal dükkânı işletse, gece kimse onu rahatsız etmezdi. Ama o bir doktor ve şu genç kadın ondan yardım bekliyor. Hemen arayın!"

Benden kurtuluş olmadığını anlayınca, "Telefon edeyim ama kendiniz konuşun," dedi doktor.

Telefonda dördüncü kez tekrar ediyordum, Zeyno'nun durumunu. Sesimde hem bıkkınlık ve çaresizlik, hem de bir ölçü tehdit vardı yine.

"Bana yanınızdaki görevliyi verin lütfen," dedi telefondaki doktor. Genç doktor aldı elimden telefonu. Gözleri düşman düşman bakıyordu bana. Konuştuktan sonra, masada oturan hemşireye emirler verdi art arda. "Hastayı doğum katına çıkarın, ebeyi bulun hemen. Ebe tuşe yapıp bana bilgi versin."

Bu hastanede doğum katı varmış demek! Ebe bile varmış! Çocuk düşürmekte olan bir fakir bekçinin karısına bakacak iyi niyet yokmuş sadece. İyi niyeti de "kim bilir kimin karısı olan" bir edepsiz kadın temin edebilirmiş. Vay benim memleketimin bekçi karıları vay!

Zeyno'yu tekerlekli iskemleye oturtup haldur huldur asansöre doğru koşturuyorlardı. Avaz avaz bağırıyordu Zeyno: "Hamım, hamım! Beni bırakma." Ben de peşlerinden koşuyordum ağzı çikletli iki genç hemşirenin. Mehmet, elinde benim ve Zeyno'nun ceketleri, arkamızdan geliyordu.

Zeyno, jinekolojik muayene sandalyesine asla oturmak istemedi. Kız oraya oturtmayı başaramayınca, bir yatağa yatırdılar çaresiz. Bu kez de Zeyno bacaklarını açmıyordu. Önceleri hastayı tatlı tatlı iknaya çalışan hemşireler, giderek hırçınlaşıyorlardı. Sonunda, kapının kenarında beklemekte olanları yardıma çağırdılar.

Mehmet'le hemen seğirttik.

"O olmaz," dedi sarışın hemşire Mehmet'i işaret ederek. Mehmet kapının yanına geri döndü. Esmer hemşire yatağın bir kenarında, sarışınla ben diğer kenarında, vargücümüzle bacaklarını ayırmaya çalışıyorduk Zeyno'nun.

"Karnındakini peydahlarken bacaklarını açmasını bildin de, şimdi niye açmıyorsun?" dedi esmer olanı hırsla.

Zeyno'nun alnına boncuk boncuk terler birikiyordu. Elimde tuttuğum eli buz gibiydi.

"Bayıldı galiba. Eli buz gibi..." dedim.

"Aman Allahım!" diye bağırdı sarışını. "Gidiyor hasta..."

"Tansiyon aletini getir!"

"Enjeksiyonu getir!"

"Nabzını say!"

"Aşağıya haber yolla, Cengiz Doktor gelsin!"

"Koşş!"

"Çabuk ol, sallanma!"

Zeyno ölü gibi yatıyordu yatakta. Mehmet odaya daldı, beti benzi atmıştı.

"Ne oldu hanım? Öldü mü yoksa?"

Dizlerimin üstüne çöktüm. Zeyno'nun ölü balık gibi yataktan sarkan hissiz eli elimdeydi. Yağmur gibi iniyordu yanaklarıma yaşlar.

"Zeyno, ne olur ölme. Bu yaşta ölünmez Zeyno. Dayan kızım. Dayan, doktor şimdi gelecek, seni kurtaracak. Dayan..."

Doktor ve hemşireler aynı anda doluştular odaya. Kalçadan bir iğne vurdular önce. Tansiyonunu ölçtüler, nabzını saydılar.

"Boşu boşuna vakit kaybettirdiniz aşağıda. Bu kıza bir şey olursa, sizi sorumlu tutarım." Başkasına aitmiş sandığım kendi hırçın sesimi duydum yine.

"Kavganın kimseye faydası yok," dedi doktor. "Ambulansı hazırlatıyorum, yanınıza iki de hemşire vereceğim. Sizi kent merkezindeki Doğumevi'ne yollatıyorum. Düşük yapıyor hasta. Burada ilk müdahaleyi yaptık ama, ameliyat gerekirse, tam teçhizatlı değiliz."

Zeyno'yu üstünde yattığı çarşafın uçlarından tutarak, çarşafla birlikte bir sedyeye geçirdiler. Merdivenlerden aşağı indirdiler. Kapıya yanaşmış ambulansa koydular sedyeyi. İki hemşire ve ben Zeyno'nun yanına bindik. "Sen eve dön," dedim çaresiz ve şaşkın Mehmet'e, "Hasan'a, şehirdeki Doğumevi'ne gittiğimizi ve durumu anlat. Ben de ilk fırsatta telefon eder bilgi veririm."

Ambulansın kapıları yüzümüze kapanırken, hemşirelere, "Çarşafı geri almayı unutmayın sakın, çarşafı, çarşafı!" diye bağırdı doktor.

Yine yola düzüldük. Yokuş aşağı ya da yokuş yukarı giderken bir öne bir arkaya kayan tekerlekli sedyeyi tutmak için, hemşirelerden biri sedyenin başında, diğeri ucunda duruyordu. Kapı tarafında durana, "Elinizden kaçırırsanız, hasta sedyeyle birlikte kapıdan fırlayıp gitmez mi?" diye sordum.

"Fırlar tabii. Öyle hayretle bakacağınıza, yanıma gelin de birlikte tutalım," dedi, çok olağan bir şey söyler gibi. Hemşirenin yanına geçtim, sedye kapıdan fırlamasın diye, tutmak üzere. Ayakta iki büklüm, çalkalana çalkalana gidiyorduk. Zeyno da bağırmıyordu artık. Bağıracak gücü kalmamış olmalıydı.

Doğumevi'nin önünde durdu ambulans dedikleri döküntü. Kapıyı açtığımızda, bir başka sedyeyi, bizi hazır beklerken görünce, şaşırdım biraz. Mavi üniformalı iki kadın ve bir de adam, Zeyno'yu, kendi sedyelerine geçirip, uzaklaşıverdiler hızla. Kadınlardan biri, "Ofise gelin de kâğıtları doldurun," diye seslendi.

İçerdeydim şimdi. Bir koridora sıralanmış ve perdelerle ayrılmış bölmelerin ardından, bağrışan gebelerin sesleri geliyordu. Zeyno'nun sesini ayrıştırıp, o perdenin önünde dikildim...

"Düşük yapıyorsun," diyordu bir kadın sesi.

"Yaşamaz mı?" diye sordu Zeyno.

"Yaşamaz."

"Vayy benim kara kaderim, vay, vay, vay..." Ağlama sesleri, hıçkırıklar duyuldu.

"Ağlayıp durma, gençsin, bir daha gebe kalırsın. İlk miydi?"

"Bir yaşında bir oğlum var," dedi Zeyno hıçkırıkların arasında.

"Niye düştü bu? Ağır bir şey mi kaldırdın? Ters bir hareket mi yaptın?"

"Temizlik yaptım bugün... Patron geliyordu. Evi temizlesin diye haber yollamış Patron."

Donup kaldım. Patron! Ben, patron! Zeyno, ne yapıyorsun sen? Niye yalan söylüyorsun? Niye bu gebeliğin başından beri kanamalar geçirdiğini, sancılandığını, yatak istirahati aldığını anlatmıyor da, Tanrı'nın buyruğunu benim omuzlarıma yüklüyorsun? Neden Zeyno? Ben sana ne yaptım? İlaçlarının, doktorunun parasını ödemedim mi gık demeden. Yalvarıp yakarmadım mı sana, kendini yormaman için. Benim adım ne zaman "Patron" oldu?

"Köylü milleti iyi muameleden anlamaz, hemen tepene çıkar. Onlara ara sıra fırça çekeceksin ki, seni saysınlar," diyen bir arkadaşım geldi aklıma. Ne çok kavga ederdik bu yüzden. Askerdeki erlerden örnek verir, kendilerine dayak atmayan subayları, erlerin adam yerine koymadığını anlatır dururdu. Zeyno, ne olur haklı çıkarma bu zevzek arkadaşımı.

***

Perdenin arkasından çıkan mavi üniformalı kadın, düşmanca süzüyordu beni.

"Bu kızı siz mi getirdiniz?"

"Evet."

"Nesi oluyorsunuz hastanın?"

Nutkum tutulmuş, yanıtlayamıyordum.

"Patronu musunuz?"

"Hayır... yani evet ...hayır."

Hayır, hayır, hayır... Ben ona evi temizle demedim. Ben onu ağır işlere koşmadım. Ona kucağındaki bebe daha yürüyemeden, bir tane daha doğurmasını ben salık vermedim. Tam aksine, ne diller döktüm korunması, kendini yıpratmaması için. Tesadüfen evde olmasaydım bugün, şimdi dağ başında ölüyor olabilirdi. Hiç uymuyor hain patron kimliği bana. Zeyno, yiğidi öldür ama hakkını yeme.

"Neyse ne, madem sizinle geldi, gidin kâğıtlarını doldurun ve parasını yatırın," dedi mavi üniformalı kadın. Tam o sırada, bir hemşire ile bir yaşlı kadın, inanılmayacak kadar narin, sarışın, mavi gözlü, çocuk yaşta bir kızı, kollarına girmiş sürüklüyorlardı koridorda. Kız da Zeyno'nun yol boyu attığı çığlıklardan atıyordu durmaksızın. Alnında ter damlaları, gözlerinde korku ve dehşet vardı.

"Buraya, buraya!" diye sesleniyordu bir başka hemşire.

Kollarındaki küçük kızla, hemşirenin gösterdiği perdeli bölmenin arkasında kayboldu kadınlar.

Ofise gidip kâğıtları doldurdum, parayı yatırdım. Geri geldiğimde, Zeyno'nun perdesi açıktı ve Zeyno yoktu. Paniğe kapıldım birden. Tanrım, öldü mü yoksa? Bütün kızgınlığım geçti. Dargınlığım geçti. Sakın ona kötü bir şey olmasın! Sakın ölmesin! Oralarda dolanan doktor görünüşlü adama sordum.

"Bu bölmede bir gebe kız vardı...?"

"Ameliyathaneye aldılar, düşük yapıyor."

"Ne zaman gelir."

"Buraya gelmez artık. Yukarı koğuşa yatırırlar. Siz bir yarım saat sonra, koridorun sonundaki odaya gidip sorun."

"Ameliyat mı edecekler acaba?"

"Yok. Doğum başlamıştı zaten. Doğuracak bebeğini."

Bildiğim halde yine de soruyorum: "Yaşar mı bebek?"

"Yaşamaz!"

Dikiliyordum orada.

"Burada durmayın," dedi adam, "girişteki bekleme salonunda bekleyin."

Bekleme salonu dedikleri yer, kör bir ampulle aydınlanan soğuk, esintili bir holdü. Çepeçevre kahve iskemleleri dizilmişti. İskemlelerde endişeli yüzleriyle yorgun ve yoksul insanlar oturuyorlardı. Bir iskemleye çöktüm ben de. Tepsi içinde sıcak çay getirdi biri. Çölde, susuzluktan kıvranırken, bir yudum su bulmuş insanlar gibi, son bir gayretle davranıp atıldık hepimiz çaycıya doğru.

"Burada telefon etme imkânı var mı?" diye sordum çaycıya.

"Kapının hemen dışında telefon. Jetonun var mı?" dedi çaycı.

"Yok."

"Ben sana bulurum. Yirmi liranı alırım ama."

"Birkaç jeton getir bana, acele et ama."

Çaycı gitti. Az sonra, Zeyno'yu beklerken koridorda gördüğüm, küçük kızın yanındaki yaşlı kadın gelip yanımdaki iskemleye ilişti.

"Siz demin muayene odalarının oradaydınız. Bir yakınınız mı doğuruyor?" diye sordu.

"Evimde çalışan kız. Altı aylık hamileydi, düşük yapıyormuş."

"Allah kurtarsın," dedi kadın. "Ben de torunumu getirdim. Kocası askerde. İlk doğumu bu. Çok korkuyor zavallıcık."

"O küçücük kız mı? Kaç yaşında o?"

"On yedisine yeni bastı. Henüz on aylık evli. Evlendiğinin ayında doğuya gitti kocası."

"Onu da Allah kurtarsın."

"Amin. Allah hem onu, hem kocasını kurtarsın. Her gece kâbus görür uykusunda. Kocasının kötü haberini getirirler. Bağıra çağıra uyanır, ağlamaya başlar. Teskin eder, kollarımda uyuturum, bebek gibi. Anası babası başka şehirdeler, damat askere gidince, benim yanıma geldi. Daha doğum beklemiyorduk ama, bu akşam ansızın ağrıları tuttu bunun. Ne edersin, bir taksi tutup geldik. İlk doğum hemencecik olmaz dediler, evine git, sabaha gelirsin dediler ama, müjdesini alana kadar bekleyeceğim burada."

Çaycı bir avuç dolusu jetonla geldi. Parasını ödeyip cebime doldurdum jetonları.

"Ben eve bir telefon edip geleyim," dedim kadına.

"İskemleye başkasını oturtmam, rahat rahat edin telefonunuzu," dedi kadın.

Telefon kuyruğunda bekledim bir süre. Hasan'a ne diyeceğimi bilemiyordum. Allahtan, çocuk düşerse, yaşayamayacağını söylemiştim evden ayrılmadan önce. Ama hepimizin içinde, bu sancıların geçici olduğu ümidi vardı. Kötü bir haber vermek ne kadar da zormuş meğer. Kırık bir sesle,

"Düşük yapıyor Zeyno," dedim Hasan'a.

"Kurtulamaz mıymış bebe?" diye sordu Hasan. Karısını sormak aklına mı gelmez, yoksa utanır mı ilgileniyor gözükmeye?

"Kurtulamazmış. Ben Zeyno'yu bekliyorum. Onun iyilik haberini aldıktan sonra, sana yine telefon ederim."

"Ne zaman çıkarırlar Zeyno'yu?" diye sordu Hasan. "Oğlan hiç durmadan bağırıyor, susturamıyorum."

"O senin de çocuğun, bir çaresini bul, sustur," dedim sinirli. Kapattım telefonu. Bekleme salonu denen taşlığa döndüm. Yaşlı kadın sahiden sahip çıkmış yerime, kimseyi oturtmamıştı.

Beyaz gömlekli bir erkek hademe ara sıra gelip, birilerine işaret ediyordu. Kalkıp gidiyorlar, biraz sonra, torunlarının veya çocuklarının doğum müjdesi ile sevinçli dönüyorlardı. Erkek çocuğa kavuşan babalar çok mutlu oluyorlardı, sanki erkek çocuğun doğumu, onları daha erkek, daha güçlü kılarmış gibi. Kızları olanların boyunları hafifçe bükük tü.

Torununu bekleyen anneanneyle bana hiç haber getiren yoktu. Nasıl öğrenmişlerse, yanımda çalışan kızın düşük yapmakta olduğunu herkes biliyordu ve müjde beklemediğimi bildiklerinden, bana acıyarak bakıyorlardı. Çaycının her geçişinde birileri illa bir çay ikram ediyordu teselli niyetine.

Uzun bir bekleyişin sonunda, anneanne de muradına erdi. Beyazlı hademe, telaşlı adımlarla geldi ve çok gizli bir sır verir gibi eğildi yanımda oturan yaşlı kadının kulağına.

"Kız torunun hayırlı olsun teyze," dedi. "Üç kilo yüz gram çekiyor bebeniz. Müjdemi isterim."

Kadın çantasından bir on liralık çıkarıp uzattı. Küçümseyerek aldı parayı hademe, teşekkür bile etmedi.

"Başka bozuğum yok da oğlum..." dedi kadın, mahcup mahcup. Adamın peşi sıra koşturdu merdivenlere doğru.

Acaba Zeyno'nun düşürdüğü bebek de kız mıydı? Eğer öyleyse, Hasan'a, "Boş ver, bebek kızdı, üzülmeye değmez," mi demeliydim? Belki de yanılıyordum. Zaten bir oğlu olduğu için, kızını kaybettiğine üzülmüş de olabilirdi.

Bana, "Kızları çocuktan saymazlar bizim oralarda," demişti Zeyno, bir keresinde. Kız çocuklarının yok sayıldığı bir dünya hayal etmeye çalışmış, becerememiştim.

Ne ilginç bir ülkeydi benim ülkem, birbirinden çok farklı dünyaların ve yaşamların iç içe geçtiği, iç içe yaşandığı... Ben dış halkaların birinde durmuş, içe doğru bakıyordum, anlamaya çalışarak... İç halkalara ait insanların duygularına, mantık yapılarına, beklentilerine, düşünce sistemlerine o kadar yabancıydım ki, sanki birkaç mahalle öteden değil, başka bir gezegenden geliyordum.

Anneanne, yirmi dakika kadar sonra, sevinç içinde geri geldi. Boynuma sarıldı, "Çok zor olmuş doğum, yedi, sekiz dikiş yapmak zorunda kalmışlar. Ama bebecik çok güzel," dedi. "Tıpkı anasına benziyor, bembeyaz, minicik bir kız."

"Analı babalı büyüsün," dedim.

Aynı anda bir gölge geçti gözlerimizden. İç çekti kadın.

"Daha bir yılı var babasının ateş altında," dedi. "Allah acısın hallerine de bağışlasın yavrusuna."

"Hep iyiye yorun," dedim. "İnşallah kavuşurlar kısa zamanda. Kim bilir belki de bu manasız çatışma aniden bitiverir, döner gelir evine."

"Allah askerde evladı olan herkesin yardımcısı olsun," dedi kadın. "Bu bebenin babası henüz yirmi yaşında. Çocuğunu göremeden..." Sustu, seslendiremediği düşüncesini kovarken kafasından, gözpınarlarında biriken yaşları sildi usulca. "Dünyanın bin türlü hali var, bir yıl içinde kim öle, kim kala. O evine dönene kadar, Allah bana sağlık versin de, çocuklarım yapayalnız kalmasın."

Dağlarda kendi yaşındaki başka gençlerle boğuşan yirmi yaşında bir baba ve on yedi yaşında bir çocuk-anne!

Yirmi bir yaşının altındakilere oy hakkı bile tanınmıyordu batıda. Yirmi birini doldurmayanları çocuktan sayıyor, erişkinlerin dünyasına katmıyorlardı dünyanın gelişmiş ülkeleri. Yukarda, kucağında bebeği ile yatan küçük kız, okul bitirme sınavlarının ve ilk aşkının heyecanını yaşıyor olmamalı mıydı, doğum telaşı ve ölüm korkusu yaşamak yerine?

Diğer bekleyenler de sevinmişlerdi küçük kızın doğumuna. Herkes sıraya girdi, anneanneyi kutlamak için. Kadınlar anneanneye sarılıp, yanaklarını öperken, erkekler ellerini sıkıyorlardı. Tebrikler, genç babanın bir an evvel kurtulma ve evine sağ sağlim dönme dualarıyla bitiyordu. Yepyeni bir canın aramıza katılmasını kutlarken ve adı konmayan savaştaki babasının evine sağ salim dönüşünün duacısı olurken, ilk kez imtiyazsız, sınıfsız, kaynaşmış bir kitle olmuştuk, tıpkı şarkıdaki gibi. Doğum ve ölüm, her birimize eşit mesafede duruyordu ve hepimizin nasibiydi.

Beyazlı hademe, kapının yanında dikilmiş, bana bakayordu. Müjde yoksa, bahşiş de yoktu! Yanıma gelmeden, uzaktan eliyle işaret etti, koşturdum.

"Hastanı koğuşa çıkarmışlar. On dakikadan fazla kalmak yasak yukarda. Koğuş ikinci katta, şu merdivenlerden çıkıver," dedi.

Koğuş, yataklara ikişer üçer yatırılmış kadınlarla ve viyaklayan bebeklerle doluydu. Hastalar konserveye konan patlıcanlar gibi, bir baş, bir ayak usulü düzenlenmişlerdi yataklarda. Bir karyolada başka bir genç kadınla birlikte yatıyordu Zeyno da. Başının yanında, öteki kadının ayakları vardı. Yüzü kireç gibi bembeyazdı. Sesi soluğu çıkmıyordu.

"Çocuk erkekmiş. Dün ölmüş olmalı karnında. Biraz daha gecikseydiniz, kanı zehirlenirdi, anneyi de kurtaramazdık," dedi iriyarı bir hemşire. "Yarın on birde çıkış verdik. Gelin alın hastanızı. Bir de reçeteniz olacak, on gün süreyle ilaç alması gerek."

"Zeyno, iyi misin. Sakın üzülme, o kadar gençsin ki, yine doğurursun," dedim.

Yanıtlamadı Zeyno. Bütün gücünü yitirmiş gibiydi. Hemşire cevap verdi onun yerine:

"Niye üzülecekmiş, ölüyordu az kaldı. Kurtulduğuna sevinsin," dedi.

"Yarın on birde gelir alırım seni," dedim elini sıkarak. Eli sıcaktı, sevindim.

Aşağı indim, anneannenin yanındaki benim iskemleme çok esmer, kara kuru bir adam oturmuştu. Anneanne beni işaret etti başıyla, adam kalkıp bana doğru yürüdü, yolumu kesti.

"Bebe kurtuldu mi?"
"Ne?"
"Bebe diyorum, bebe kurtuldu mi?"
"Sen de kimsin?"
"Hasan'ın babasi."
"Haa! Kendi gelseydi keşke, karısını görmeye."
"Habar etti, ben geldim. O oğluna baki."
"Sen bakıvereydin ya birkaç saatlığına."
"Dedeler çocik bakmaz," dedi adam. "Bebe kurtuldu mi?"
"Hayır, bu kadar erken doğan bebeklerin yaşama şansı olmazmış. O öldü, ama Zeyno kurtuldu."
"Köti oldi. Bebe kurtulmaliydi."
"Zeyno kurtuldu ya... Bir daha doğurur, nasıl olsa."
"Ne idi bebe?"
"Erkek."
"Uyyy!" dedi adam. Büsbütün karardı esmer yüzü. Boş iskemlelerden birine çöktü. Eline bir çay tutuşturdu anneanne. Teselli sözcükleri sıralamaya başladı. Adam dinlemiyordu bile. Başını iki ellinin arasına almış, öylece oturuyordu. Bir ara kaldırdı kafasını.
"Gelin çürük çıkti," dedi. "Benim kari tam on üç tane doğirdi."
"Hepsi sağ mı?" diye sordu yaşlı kadın.
"Beşi çocukkene öldi."
"Niye öldüler?" diye sordum.
"Allah verdi, Allah aldi," dedi adam sakin sakin.
"Bu bebeyi de Allah aldı, Zeyno çürük çıkmadı," dedim.
"Benim kari tam on üç tane doğirdi," dedi adam yine. "Çocik erkeğin gucidir."
Hasan'ın babasıyla "güç" tartışmasına girişecek halde değildim.
Anneanneye döndüm,

"Ben köye dönmeyeceğim. Yarın sabah nasılsa yine gelmem gerekecek Zeyno'yu almak için. Şehirde bir yer bulur kalırım. Sizi de bırakayım mı evinize?" dedim yaşlı kadına.

"Ben sabaha kadar bekleyeceğim burada. Yarın bizimkileri de çıkarıyorlar. Otobüsle döneriz evimize. Akşam aniden sancılanınca kız, mecburen taksi tuttuktu da..." dedi.

Hesapta olmayan bir paraydı, taksi ücreti demek ki. Onlar da şehire otuz kilometre uzakta bir kasabadan gelmişlerdi, bizim gibi. Belki de yine bizim gibi, evlerine yakın bir devlet hastanesine veya sağlık ocağına uğramışlar ve kapı önüne konmuşlardı. Kim bilir kaç para ödemişti yaşlı kadın taksiye. Şimdi, bir iskemlenin üstünde oturup, sabahı bekleyecekti. Yutkundum, sesim titriyerek,

"Yeni doğan bebeğe bir armağan vermek istiyorum, ama bir daha görüşemeyebiliriz, ne olur, şunu kabul eder misiniz?" diye sordum, bir tomar parayı avcumun içinde saklayarak. Boğazımda bir yumru oturuyordu. Sadece ondan daha varlıklı olduğum için, utançtan yerin dibine geçiyordum, birkaç yüz bin kişiyi hesapsız zengin, geri kalanları da yoksul eyleyen bu düzenin tek sorumlusu benmişim gibi. Yaşlı kadın da benim kadar ezik ve üzgündü.

"Olmaz," diye fısıldadı.

"Lüften. Bütün gece can yoldaşı olduk birbirimize. Lütfen, bu benim, müjdesini birlikte aldığımız bebeğe bir hediyem olsun. Yarın otobüse bindirmeyin, bir günlük çocukla loğusayı, bir taksi tutun." Kadının paltosunun cebine soktum parayı. Sarıldık birbirimize. Usul usul ağlıyordu yaşlı kadın.

"Güle güle büyütün torununuzu, şanslı, sağlıklı bir kız olur, analı babalı büyür inşallah," dedim.

Kapıya doğru yürürken peşimden seğirtti Hasan'ın babası,

"Beni durağa atan mi?" diye sordu.

"Gel," dedim, "erkeklik gücünün sembolü, gel bakalım, atayım seni durağa."

Takside şoförün yanına oturdu, bir daha hiç konuşmadı inene kadar.

Kurtuluş Oteli'nin önünde indim taksiden. Sahil boyunca uzanan caddede, denize nazır bir oteldi. Sabahın üçünde tek başına gelip, bir oda isteyen yalnız kadına kötü kötü baktı resepsiyondaki genç. Kimliğimi gösterdim, paramı peşin ödedim, anahtarımı aldım. Dayanamadı.

"Hayrola?" dedi.

"Sana da hayırlar olsun," dedim, asansöre yürüdüm.

Odamda pencerenin önünde durdum ve gün boyu yaşadıklarımı düşündüm. Bir kız çocuk doğmuştu bu yağmurlu kente biraz önce. Bir erkek bebek, erken doğumda ölmüştü. Her gün binlerce çocuk doğuyor, yüzlerce çocuk ölüyordu. Devletimiz hastane kuruyor ama içine düşük yaptıracak donanımı koyamıyordu çoğu kez. Yine de her gün, nüfusa yaklaşık 4.400 çocuk ekleniyordu. Bu çocukları topluma kazındırmak için okullar yapıyor, binlerce çocuğun dimağını, yüreğini, ufkunu aydınlıklara açarken, binlerce çocuğun da ışığını söndürüyor, karanlığa çeviriyordu yüzünü, hep aynı devlet.

Beceriksiz, hantal, şaibeli devlet!

Otelin adı, düşmanı denize döktüğümüz ve bir millet olarak yeniden doğduğumuz günü simgeliyordu. Kurtuluşumuzu!

Düşmanı yetmiş beş yıl önce denize döktüğümüz rıhtıma baktım, gözlerimi kısarak.

Düşmanı yetmiş beş yıl önce denize döktüysek, bugün doğan kızın babası kiminle vuruşuyordu dağlarda?

Pencereyi açtım ardına kadar. Islak havayı içime çektim. Kurtuluş savaşımızı noktaladığımız sahil, çok şık sokak lambalarıyla aydınlatılmış, uzayıp gidiyordu kilometrelerce. Ferforje lambaların aydınlığında, ağzında cıgarasıyla, Hasan'ın, on üç çocuk döllediği için "güçlü", kavruk babası yürüyordu yorgun adımlarla.

Bir çıkmaz sokakta yürüdüğünü bilmeden yürüyordu. Anneanne, yepyeni bir canı kucaklamak için, tahta iskemlede geceliyordu, gocunmadan. Yarın yeni bir gündü. Yeni bebeler doğacaktı, yeni umutlar taşımak için. Yeni bebeler doğacaktı çıkmaz sokaklarda yürümek için. Kimi bir yaşına varmadan ya da yirmi yaşında vuruşurken ölmek, kimi zengin, güçlü, mutlu olmak için.

Kurtuluş Oteli'nin önünden akan ışık selinde gözlerim kamaşarak, günün doğuşunu bekledim ve sordum kendi kendime:

"Bebe kurtuldu mi?"

SPASSİBO İSTANBUL

Kapıyı vurup duruyordum ne zamandır. İçerde ayak sesleri duymasam çoktan giderdim. Ama, içerdeki çok yaşlıydı. Öyle demişlerdi bana. Çok yaşlıysa, duymuyordur zil sesini diye düşündüğüm için, ısrarla tıkırdatıyordum parmaklarımı kapının üzerinde. Ben onun pıtır pıtır dolaştığını, sağa sola çarptığını işitiyor ama kendimi ona duyuramıyordum bir türlü.

Başka kapılar açıldı apartmanda. Gürültümden rahatsız olanlar, başlarını kapı aralıklarından uzatıp bana baktılar.

Mahcup mahcup gülümsedim, ellerimle çaresizlik işaretleri yaptım. Kapıyı vurmaktan vazgeçip, zile abandım yine.

Sonunda bir ses geldi öte taraftan.

"Nee var? Nee istiyorr sizz?"

"Ben," dedim, "randevu verdiğiniz gazeteciyim. Hani haber yollamıştım size. Bugün gelmemi söylemişsiniz. Geldim işte."

"Daha çok errken!"

"Söylediğiniz saatte geldim."

"Daha errken! Yok hazırr ben."

"Yarım saat sonra geleyim o zaman."

"İyi."

Pıtır pıtır uzaklaştı ayak sesleri. Dinledim. Hayır pıtır pıtır da değil, içi boş bir kutuyu yerde sürükler gibi, froş froş bir ses çıkararak yürüyordu içerdeki.

Meraklı başlar kapıların ardına çekildi, kapılar kapandı. Ben merdivenlerden indim, sokağa çıktım. Allahtan hava güneşliydi. Erken gelen bahar, kemiklerimi ısıtıyordu. Yarım saat dolaşıp geri gelecektim. Birden hatırladım, fotoğrafçı arkadaş, ben dolaşırken gelirse, evde kimse yok diye basıp gidebilirdi. Bu mahşeri trafikte, bir başka gün, bir kez daha geçemezdim köprüyü, Asya yakasına doğru.

Dikildim dış kapının önünde.

Niye hep böyle üstlenirdim üstüme vazife olmayan işleri. Bu röportajı hazırlaması gereken arkadaşım aniden hastalanınca, ricasını kıramamıştım. Ne zamandır peşindeydi bu konuşmanın. Çok zor bulmuştu Lydia Krassa Arzumanova ya da Leyla Arzuman'ı. Kadın çok yaşlıydı. Son kuşlar gibi, gitti mi giderdi. Kendi gitmese aklı gidebilirdi. Türk balesi üzerine hazırladığı yazı serisinde, bir taş yerine oturamazdı o zaman. Bir işe başladı mıydı, sonunu eksiksiz getirmek isterdi arkadaşım. Beni, arkadaşımın işine duyduğum saygıdan çok, "Lydia Krassa Arzumanova" adının taşıdığı gizem iteklemişti bu röportajı onun yerine yapmayı kabul etmeme.

Bu isim, duyduğum an, bir beste etkisi yapmıştı bende.

Tuhaf betimlemeler vardı bu isimde. "Lydia" su, ışık gibi kıvrak, hafif ve şırıltılı çağrışımlar yaparken, "Krassa" hüzünlü ve heybetli bir ses veriyor, "Arzumanova" ise, hem Türkçe anlamıyla hem de içerdiği müzikle bir "grande finale" oluşturuyordu.

Sanırım o güne kadar, hiçbir ad üzerinde, böylesi bir irdelemeye girmemiştim. Bir şarkı söyler gibi tekrarlayıp duruyordum bu adı. Lydia Krassa Arzumanova... Lydia Krassa Arzumanova... Ömür boyu, hayati önem taşıyan isteklerime hep sırt çevirip, bu tür arzularıma kulak veren tanrılar da sanki, St. Petersburg'un Neva Nehri'nde yüzerken, yolunu şaşırıp kendini Boğaz'ın sularında bulan bir su perisiyle buluşmamı mümkün kılmak için, arkadaşımı otuz dokuz derece ateşle yatağa bağlamışlardı.

Sokak kapısının önünde dikilirken, kendimi hayal kırıklıklarına karşı güçlü olmaya hazırlıyordum, isminin büyüsünden ötürü, kafamda yarattığım su perisi, seksen yaşının hayli üstünde olmalıydı. Çok ihtiyar bir peri olacağı için, Neva Nehri'nin rengini aksettiriyor olamazdı gözleri. Kapının ardında duyduğum ses ise, sigaradan kalınlaşmıştı ama, "Krassa"nın çağrıştırdığı heybeti hâlâ muhafaza ettiğine dair ipuçları veriyordu.

Yarım saate yakın oyalandım apartmanın oralarda. Fotoğrafçı arkadaşım gelmedi. Tekrar çıktım merdivenleri, zile dokundum. Yine biraz bekleyeceğimi sanıyordum, oysa ayak seslerini bile duymadım bu kez. Hemen açılıverdi kapı. Işık arkadan geldiği için, önce ayrıntılarını seçemedim ihtiyarın. Gözüm karanlığa alışınca gördüm, bol pudralıydı, rujluydu, buruşuk bir güldü, yüzü. Makyajın aceleyle sürüldüğü belliydi. Öne doğru eğik durduğundan bir bastona yaslanmış gibi geldi bana, ama yanılmışım. Beni görmek için zorluyormuş kendini. Yüz hatları, suluboyayla resmedilmiş gibi, pek de net olmayan yaşlı kadın, kalın çatlak sesiyle buyur ediyordu beni evine. Önümde froş froş ses çıkaran terliklerini sürüyerek yürürken, elinde de masmavi bir kap taşıyordu sürekli. Çok az görebildiği için, sık içtiği sigarasının külünü silkelemek içinmiş, sonradan anlayacaktım. Beni beklettiğinden dolayı özür diliyordu. Uzun sürüyormuş hazırlanması, gözlerinin durumundan ötürü.

Dilini anlamakta oldukça zorlandım, başında. Rusça, Türkçe, Fransızca, Rumca karışımı kelimelerle konuşuyor, öksürükle sık sık kesiliyordu konuşması. Bir müddet sonra, birkaç dilden müteşekkil, grameri bozuk bu lisana alıştım. Alışmak bir yana, beni alıp başka bir dünyaya taşıyan Rus masalını, aman kesmesin diye, ben de onu bu lisanla destekler oldum.

Piyanonun karşısındaki koltukta oturmuş, nefes almaya korkarak, St. Petersburg'un bale okulunda eğitim gören, uzun boylu, yeşil gözlü, kumral kızın öyküsünü dinliyordum. Sözcüklerin hepsini anlamasam da olurdu. Karşımda, bana gerçek yaşamöykülerinin en renklilerinden birini, acılarla, heyecanlarla dokuyarak, çeşitli dillerin yanı sıra, elleri, kolları, gözleri ve duygularıyla anlatan bir canlı tarih vardı.

Benim balerinim, Neva Nehri'nin su perisi, dönümlerce arazileri olan zengin bir gence âşık olup onunla evleniyordu ama kopmuyordu baleden. Tanrı başka ne verebilirdi ki bir kuluna... Gençlik, güzellik, sanat, aşk, mal mülk, para, itibar... Mutluluk buydu. Mutluluk Lydia Krassa Arzumanova'ydı, 1917'ye kadar.

Lydia Krassa sahnelerde ayak parmaklarının ucunda pervasızca uçarken, bir kasırga esti ülkesinde. Kanlı devrimin rüzgârı, varlıklı, bilgili, kültürlü kentsoyluları, sanatçıları, Çar Ordusu'nun rütbeli subaylarını ve Rus aristokratlarını, önüne katıp savuruverdi "çinili, kubbeli mavi bir liman"a.

Lydia Krassa, bu rüzgârın İstanbul'a ilk savurdukları arasında değildi.

Sovyet devrimini gerçekleştirenler, sanatçıları soylulardan ve zenginlerden ayrı bir yere koydular ve el üstünde tuttular. Özgürlükleri kısıtlıysa da, altın kafeslerin kuşlarıydı sanatçılar.

Lydia Krassa da onların arasındaydı. Devlet Tiyatrosu'nun değerli baleriniydi.

O, Bolşov'da bale yaparken, sevgili kocası, bir gemiye binerek, Kırım üzerinden İstanbul'a kaçıyordu. Aslında birlikte planlamışlardı kaçışı. Lydia Krassa, bir balerin olduğu için, ne de olsa paçayı kurtarmış sayılırdı ama büyük toprak sahibi olan eşinin başı fena halde dertteydi. Öncelikle onun kurtulmasına karar verdiler. Bir kişinin kaçışı daha kolay gerçekleşeceği için, Lydia Krassa geride kalmayı göze aldı. Kocasının kaçışından sonra, uzun süre göz hapsinde tuttular balerini. Hiç açık vermedi. Evi ve işi arasında gitti geldi, gitti geldi dört yıl süreyle. Parmaklarının ucunda, kaderini değiştireceği günü bekledi.

1921'de, İstanbul'a uğrayacağını bildiği bir vapurla turistik geziye çıktı.

Vapur yolcuları, böylesi bir yolculuğu karşılayabilecek mali güçte, Rusya'nın belli başlı kişilerinden, Polit Büro üyelerinin eşlerinden ve itibarlı sanatçılarından oluşuyordu. Yine de kimsenin vapurdan inerek tek başına dolaşmasına izin verilmemişti. Muhafizlar, gözcüler eşliğinde, grup halinde dolaştırılacaklardı İstanbul'da. Camileri gezecek, bir de meşhur Cadde-i Kebir'den geçeceklerdi. Kapalıçarşı bile programa alınmamıştı, o kargaşada ne olur ne olmaz kaygısıyla.

İstanbul Boğazı'na sabahın erken saatlerinde girdi Karadeniz'den gelen vapur. Lydia Krassa, güverteye çıktı, kollarını küpeşteye dayayarak sis altında, bir hayal ülke gibi beliren ikinci vatanına baktı.

"Ah, etsem bir şey ikram?"

"İstemem Leyla Hanım (çok tembihliyim Türk adıyla hitap etmeye), hikâyeniz o kadar ilginç ki, ne olur kesmeyin. Sadece anlatın siz. Lütfen."

"Olmaz böyle kuru kuru. Bir çay belki?"

"Sağ olun. Siz sadece anlatın. Nasıl kurtuldunuz ellerinden?"

"Ben koymuştu kafa. Kaçacak Beyoğlu bir taksi ile. Adres na burda saklı." Göğsünü işaret ediyordu.

Sutyeninin içine, göğsüne saklamıştı gideceği adresin yazılı olduğu kâğıdı. İstanbul'daki dostları geleceğinden haberliydiler. Yanında yolculuk arkadaşlarından bazıları, ince emprime elbisesini uçurarak, kalçalarını kıvıra kıvıra yürüyordu Beyoğlu'nda. Bir adama çarpıp, tökezleniyordu bir ara. Ayağını mı burktu?.. Eğilip bileğini ovuşturuyordu... Karşı kaldırımda, sarı damalı, siyah bir taksi... Hemen arkasında bir başka araba... İçinde tanıdık bir yüz, eğik şapkanın altında, bir çift göz... Yeni bir ufka açılan kapı... Bir an, saniyenin üçte biri... Karar! Karşı kaldırımdaydı o şimdi. Kapıyı açıyordu, biniyordu, göğsünde sakladığı kâğıt elindeydi, avcunda terden ıslattığı adresi veriyordu şoföre. Diğer kaldırımda arkadaşları geri dönüp Lydia Krassa'ya bakıyorlardı nerede kaldı bu kız diye. Bu kız, ters istikamete doğru uçmakta...

"Yok siz bir sigara içmek? Ben çok içmek çook."

Elinden bırakmadığı mavi kaba silkeliyor külleri. Kapının zili çalıyor ısrarla. "Kim şimdi bu?"

"Fotoğrafçı arkadaştır. Ben açayım kapıyı."

"Ne fotoğraf kuzum, bu yaşta? Ben verecek çok güzel eski resim."

Melih elinde fotoğraf makinesiyle girdi içeri, melül melül baktı yaşlı kadına. Yıkıntının ardındaki güzelliği o da yakaladı, kısa bir süre sonra. Yan yana oturmuş, ağzımız açık, Rus masalının devamını dinliyorduk.

Artık Türklerin dost kanatları altında ve kendi gibi yüzlerce Beyaz Rus'un arasındaydı Lydia Krassa. Cadde-i Kebir'deki Rus Haberleşme Bürosu'na başvurarak, kocasına da ulaşmıştı. Kocası İstanbul'dan Paris'e geçmişti. Karısını yanına almak için, İstanbul'a geri gelecekti ama çok sular akmıştı köprülerin altından dört yıl boyunca. Her ikisinin de kendine ait bir dünyası oluşmuştu ve balerin asla "çinili, kubbeli, mavi liman"dan ayrılmak istemiyordu.

Onun vatanı burasıydı artık, ona kollarını açan, onu barındıran, dünya güzeli şehir, "Spassibo, şükran sana İstanbul!"*

"Ah, bunlar da doküman hepsi... yani davetiyeler... Yaptı ben çok temsil, çok müsamere."

Dizlerimizin üstünde saçak saçak davetiye ve broşür vardı. Karıştırıp duruyorduk Melih'le. Sırtına atıverdiği ucu püsküllü şalıyla, gepgenç, dipdiri bir Rus balerini gülümsüyordu elimdeki solmuş resimde. Bir resme bir yaşlı kadına bakıyordu Melih, benzerlik yakalamak için.

"Şu davetiye, benim ilk gösteri, Casa d'Italia salonda, yıl 1931. Şu Hilal-i Ahmer gösteri, şu Eminönü Halkevi gösteri..."

Sigarasının dumanını salonun ortasına üflüyordu, elinde diğer gösterilerin davetiyelerini sallarken.

"Ben kurdu ilk bale okulu burda. Ben kurdu ilk bedii raks okul."

1936'dan sonra, artık Türk vatandaşıydı Lydia Krassa Arzumanova. Adının büyülü müziğini geride bırakmıştı, Leyla Arzuman Hanım olmuştu. Cumhuriyet Halk Partisi'ne yazılmıştı. Kendine kucak açan yeni ülkesinde, genç Cumhuriyet'e, sağlıklı, düzgün vücutlu, müziğin ritmini yüreğinde duyacak, yetenekli genç balerinler yetiştirmeye adamıştı kendini.

Nitekim, Ninette de Valois, Devlet Balesi'ni kurmak için Türkiye'ye davet edildiğinde, Türk çocuklarının yıllar önce baleyle tanışmış olduklarını görüp hayretler içinde kalacaktı.

---

* *Beyoğlu'nda Beyaz Ruslar*, Jak Deleon, Remzi Kitabevi.

***

"Çekmeyin resim böyle bir ihtiyar, a canım. Çok çirkin ben... Karanlıktır oda. Yakmam ışık, Yıldız öder para, ben hiç ışık yok yakmak. Zaten göz kör."

"Ne demek istiyor acaba?"

Melih henüz alışamadı Arzuman'ın kırık diline.

"Bu ev, öğrencisi Yıldız Alpar'a aitmiş. Ona yük olmamak için, ışıkları yakmadığını söylüyor," dedim Melih'e.

"Devlet tutmamış mı elinden hiç? Ya Yıldız Alpar bu evi vermeseymiş ona?"

"Biz kalkalım artık."

"Ah, yok yok kalkmak. Oturun canım lütfen. Bir çay için. Ben çok yalnız her zaman."

Acelemiz vardı. Hep acelemiz vardı bizim. Çayını içmeden kalktık. Froş froş yürüdü önümüzden. Kapının önünde durdu, sanki çıkıp gitmemizi önlemek ister gibi.

"Siz gelecek bir daha ne zaman?"

"Yazı çıkınca gazetede, getiririm size, söz veriyorum."

"Ne zaman çıkar yazı?"

"Haftaya belki."

"Siz gelmek şart. Mutlaka gelmek var siz, gazeteci hanım. Gün ver, ben yapacak hazırlık."

"Ne hazırlığı?"

"Yapacak misafir kabul."

"Yok, sakın, zahmetlere girmek yok. Ben yollarım size gazeteyi."

"Söz ver. Gün ver, siz gelmek."

Tanrım, ne korkunç şeydi yalnızlık. Ne amansız bir düşmanıydı yaşlılığın! Ben bir daha buralara nasıl gelebilecektim bunca işimin arasında? Adının müziğine, bir çello konçertosuna duyabileceğim hayranlıkla vurulduğum bu ihtiyarı nasıl hayal kırıklığına uğratabilirdim, hem de o çok sesli dilde dinlediğim hayat hikâyesinden sonra.

Birden bir şimşek çaktı kafamda. Haftaya "anneler günü"ydü ve ben anneannemi, Büyük Kulüp'e öğlen yemeğine götürecektim. Avrupa yakasında onca yer dururken, seçe seçe orayı seçmişti, bahçesindeki ulu çınarlar ve patlıcan kızartması yüzünden. Her işte bir hayır vardı. Neden olmasındı?

"Leyla Hanım, haftaya pazara, saat üç sularında kahvenizi içmeye gelirim. Anneannemi de getireceğim yanımda. Anneler günü ziyareti yaparım size. Gazetede röportaj da hazır olur, o zamana kadar, onu da getiririm."

"Ah, söz, gelmek siz. Ben beklemek sizi."

Ellerime sarıldı sıkı sıkı. Bir can simidine sarılır gibi, bir cana sarılmak... Yarım saatçik bir sohbet için... Yarım saat süreyle insan sıcağı... Tanımadığı, bilmediği biri bile olsa, bir ses, bir dokunuş, bir bakış... Söz verdim, haftaya pazara, mutlaka!

"Nereden çıkardın bu ziyaret işini kuzum! Tanımadığımız birinin evine misafirliğe gitmek!.. Hepiniz bir âlemsiniz zaten," dedi anneannem asabi bir sesle.

Anneannem, tanımadığı birini ziyaret etmekten çok, gün boyu onun üstünde toplanmış ilgimin bölünecek olmasından şikâyetçiydi, bence. Sık sık arabanın arka koltuğunda yatan çiçek buketine kıskanç nazarlar atıyordu. Oysa ne kadar da dikkat etmiştim, onun buketinin çok daha renkli ve büyük olmasına.

"Anneanneciğim," diyordum, "bak bugün ne istedinse yaptım. Taa Nişantaşı'ndan, o korkunç köprü trafiğini aşıp, buralara geldik madem, şu gazeteyi bırakmak için uğrayıvereceğim. Sen istersen arabada bekle."

Asla arabada beklemezdi anneannem. Gazetede röportajı yayımlanmış bir yaşıtının evinin önüne kadar gelmişse hele. Kol kola çıktık merdivenleri, ağır ağır. Tam elimi uzatacakken zile, açılıverdi kapı.

Üstünde kırmızılı bluzu, siyah eteği, şalı ile pudralı, rujlu, allıklı, şık mı şık Lydia Krassa, bir obua sonatı gibi ahenkli ve heybetli bizi bekliyordu. Bir hafta öncesini hatırlatan tek şey, birazdan sürükleyeceği terlikleri ve mavi küllüktü. Onca makyaja ve şıklığa doğrusu yakışmıyordu bu terlikler ama, mutlaka bir açıklaması vardı.

Anneannemin de aşağı kalır yanı yoktu ev sahibimizden. Parmağına tek taşını, yakasına çiçek sepeti broşunu takmış, yemekten sonra rujunu, pudrasını tazelemiş, kolunda lezar çantası, tarçın rengi tayyörünün içinden gözüken puantiye bluzuyla o da bir nihavent makamıydı.

Tanıştılar. Bir yabancının beni bağrına basmasına yan gözle baktı anneannem, içeri geçtik. Ev sahibimiz, evin hemen altındaki ağaçlardan yeni açan bahar dallarını toplatıp vazolara koymuştu. Benim çiçeğimi koyacak vazo kalmamıştı evde. Terliklerini sürüyerek mutfağa gitti, su dolu bir sürahiyle döndü. Çiçeklerim, piyanonun üzerine, baş köşeye yerleştiler. Nefis bir de koku geliyordu mutfaktan.

Sordum.

"Yaptım size zencefil çörek."

Anneannem çok ağır işitiyordu. Ben bağırarak tekrarlıyordum, her söyleneni.

"Ah, niye zahmetler buyurdunuz efendim, biz pek az oturacağız zaten."

Biri göremiyordu, diğeri duyamıyordu, ama tüm duyularını sivriltmiş, birbirlerini inceliyorlardı. Aynı yılın rekoltesi iki nefis eski şarap gibi, 1900 öncesinin iki hanımefendisi.

"Ben var bale yapmak eskiden." Getirdiğim gazeteyi gösteriyordu anneanneme. Anneannem yemek boyunca incelediği yazıya, ilk kez görürmüşçesine ilgiyle bakıyordu.

"Var sizde de sanata merak?"

Tekrar ediyordum anneanneme.

"Piyano ve ut çalardım, gençliğimde."

"Yaaa!"

Bir müşterek nokta bulundu. Şimdi bir köprü uzanıyordu, St. Petersburg'dan İstanbul'a. Karlı ormanlardan geçerek, su kenarına inşa edilmiş, kubbeleri altın yaldızlı kentleri geride bırakarak, bir başka masmavi suyun kenarına kurulmuş, ince uzun minarelerinin kalem kalem göğe uzandığı mistik kente ulaşan, görünmez, şeffaf bir köprü.

Birbirlerini ne tam görerek ne de tam duyarak, bir masal anlatmaktaydılar geçmişe doğru. Çöken komşu imparatorlukların soylu ailelerinden kalma, sadece servet ve itibarlarını, pahalı zevklerini değil, gençliklerini, güzelliklerini de yitirmiş, duvarları yağlıboya resimli, tavanları oymalı, görkemli köşklerden beton odalara düşmüş iki ihtiyar, vücut diliyle, gözleriyle ve anılarıyla konuşup anlaşıyorlardı. Ben sadece, şaşkın şaşkın onları seyrediyordum.

Lydia Krassa'nın, zarif hareketlerle indiği, midilliler tarafından çekilen "droşki"ye anneannem biniyor ve o anda besili doru atların çektiği bir faytona dönüşüyordu "droşki".

Anneannem faytonda, kız kardeşi ve annesinin arasında oturuyordu. En küçük kardeşi dadısının kucağındaydı. Annesi ve dadısı sürekli ağlıyorlardı. Fayton, Selanik'teki Rus Sefiri'ne aitti. Sefaret Kavası, sırmalı ceketiyle arabacının yanında oturuyordu. Osmanlı Devleti'nin defterdarının ailesini Rumlardan gelebilecek kötülüklere karşı korumak maksadıyla, limanda demirli Fransız gemisine kadar eşlik ediyordu onlara Kavas.

Aile İstanbul'a dönüyordu. Anneannemin babası, işgal altındaki Selanik'te görevi başında kalıyordu, Sultan'dan gelecek ikinci bir emre kadar. Devlet kalıyordu ama, halk kaçıyordu. Kaçıyordu Türkler. Trenler, gemiler ve atlı arabalar öbek öbek eşya, tümen tümen insan taşıyordu İstanbul'a.

Bir başka limanda demirli Amerikan destroyerine binebilmek için yüzlerce, binlerce kişinin arasında, itiş kakış, ezilerek, ayakları yerden kesilerek ilerlemeye çalışıyordu, Lydia Krassa'nın genç kocası. Soylular, dükler, düşesler, zenginler, arazi sahipleri, Çar Ordusu'nun subayları... mallarını, mülklerini, anılarını geride bırakarak, canlarını kurtarmak için kaçıyorlardı. Kaçıyordu Ruslar.

Lydia Krassa, anneannemin babası gibi, geride kalıyordu, devlet görevlisi olduğu için. İnsanların, nerede olurlarsa olsunlar sorumluluk ve vazife aşkı taşıdığı yıllardı... Anlıyorlardı birbirlerini.

Sonra, hiç beklenmedik bir konsere başladılar. Önce Lydia Krassa oturdu piyanoya, arkasından anneannem. Akordsuz tuşlardan belleklerinde kalmış şarkıların notaları dökülüyordu. Detone, ahenksiz, yanlış seslerle, kulak tırmalayan bir kakofoni. İçler acısı bir konser, içler acısı bir müzik. Yürek parçalayan, zamanı dalga dalga, otuz, kırk, elli, altmış yıl geriye, benim yaşamadığım bir devre taşıyan, notaları hüzün olan bir müzik.

Gözyaşları, kalın pudralarının üzerinde sıra sıra yollar çiziyordu, çok uzun yaşamış ve çok acı görmüş iki kadının. Birbirlerinin ellerini tutmuşlardı sımsıkı, teselli vermek ister gibi. İnceliklerle bezenmiş, zevkli, nazik, hoş bir çağda yaşarken, ihtilaller ve savaşlarla savrularak, kaba, hoyrat dünyaya düşüvermiş iki yaşlı su perisiydiler...

"İkram var size şimdi. Konuştuk biz çok. Biraz da yemek, içmek."

Mavi küllük tepeleme dolmuştu. Anneannem de efkâr ve heyecanla içtiği bir-iki sigaranın külünü, yanında duran kül tablasına değil, aynı mavi kaba silkelemişti, nedense.

Eline, piyanonun üstünde duran çiçeklerimi aldı ev sahibimiz, froş froş yürüdü, o önde biz arkada, yandaki küçücük odaya geçtik. Porselen çay takımlarıyla bir sofra kurulmuştu masanın üstüne. Pırıl pırıl, kocaman bir semaverin tepesinde bir çaydanlık duruyordu. Eve ilk girdiğimde genzime kaçan zencefil kokusu, masanın üstündeki çöreklerden geliyormuş meğer. Sofrada paskalya çöreğinden, pötifurlardan, piroşkiye kadar çeşitli tatlılar ve bir de çikolatalı pasta vardı. Rus usulü bir çay sofrası hazırlanmıştı bize. Bir emekli maaşı sonuna kadar harcanarak, sevgiyle ve umutla (misafirin geleceğine ilişkin bir umutla) bir kral sofrası hazırlanmıştı, besbelli. Çiçeğimi sofranın ortasına koydu Lydia Krassa Arzumanova.

Ya gelmeseydik, diye düşündüm bir an, tüylerim ürpererek. Ya anneannem hayır diye tuttursaydı, bir işim çıksaydı, unutsaydım...

"Bu gato güzel çok, lütfen efendim." Bir dilim kesip anneanneme uzattı.

"Her şey pek lezzetli," diyordu anneannem.

Bu kez de, Markiz ve Lebon'da içtikleri çayları ve yedikleri pastaları konuşmaya başladılar. Pera'nın eski pastanelerinde, kahvehanelerinde salınıp duruyorlardı. Ben yine dışlanıyordum, bu dantel inceliğinde örülmüş dünyanın damak tadından. Onların yiyip içtiklerini tatmamış da olsam, anlattıkları öylesine renkli ve canlıydı ki, Rus votkalarının, saray şerbetlerinin, keklerin, fondanların tadını ağzımın içinde, genzimde duyumsuyordum sanki.

Bir öğleden sonra, üç saat boyunca, troikalarla karlı ormanlarda, faytonlarla mesire yerlerinde savrulup durdum.

Gitme zamanı geldi.

Lydia Krassa'yı, kadirşinas öğrencisi Yıldız Alpar'a yük olmamak için, ışıklarını yakmadığı küçük evinde, yapayalnız bırakıp gitmek üzere, kapıya yürüdük.

Ev sahibimiz, bizi geçirmek için kapıya yaklaşırken, terliklerini iyice sürümeye başlamıştı. Ayakları geri geri gidiyordu sanki, yalnızlığını geciktirmek ister gibi.

"Ben hep giyerim bu terlik," dedi mahcup mahcup. "Ne zaman başka papuç, ben paatt yerde."

"Yerler taş da, çok kayoor," dedi anneannem. "Aman dikkat edin, düşmeyin sakın, efendim. Bizim yaşlarda kırıkların tedavisi çok zor oloormuş."

Ellerine sımsıkı sarıldılar birbirlerinin, yüz yılın şahitleri.

"Gelin yine. Lütfen gelin yine," dedi Arzumanova, kalın çatlak sesiyle.

Çıktık. Piyanonun tuşlarında Rus melodilerinin, İstanbul şarkılarının tınısını bıraktık. Akşamüstüydü.

"Yaşamanın kurgusunun
çözüldüğü yerde yiteceğiz,
o anda,
bomboş bir sesle"

Enis Batur

NOT:

Adı müziği çağrıştıran Lydia Krassa Arzumanova'yı bir daha göremedim. Ölümünü, beş yıl sonra 1988 yılında, bir gazete haberinden öğrendim. Anneannem, aynı yaşta olmalarına karşın, onun kadar yalnız olmadığı için belki, bir beş yıl daha yaşadı.

Ben Arzumanova'yı tanıdığımda, Jak Deleon, *Beyoğlu'nda Beyaz Ruslar* adını taşıyan o nefis kitabını yazmamıştı henüz.

Arzumanova'nın bendeki anısını öyküleştirmeye karar verdiğimde, bir yıl önce okumuş olduğum *Beyoğlu'nda Beyaz Ruslar'ı* bir kere daha aldım elime ve zevkle, baştan sona tekrar okudum.

Rus dilinde "şükran" anlamına gelen "SPASSİBO" sözcüğünü de yine o kitaptan öğrendim. Kitabından bir kelime aşırmış olduğum için, beni bağışlaması umuduyla, bu öyküyü Jak Deleon'a armağan ediyorum.

24 Aralık, 1997